Si   seulement tu savais...

A quel point il t'aime !

Victoire MN

Victoire MN

Le meilleur accompagnement pour enfanter vos livres

www.victoiremn.com

victoiremncoaching@gmail.com

A celui qui m'a aimé dès le commencement,

Qui m'aime aujourd'hui,

Et qui m'aimera pour toujours !

Je t'aime Jésus,

Mon Dieu, Mon Père, Mon Sauveur.

TABLE DES MATIERES

Merciiiiiiiiiiiii

MERCI A TOI SEIGNEUR, QUI EST CELUI QUI M'A TOUT DONNÉ. JE N'AI RIEN QUE JE N'AI REÇU DE TOI.

Merci à mes merveilleux parents papa **NGOUDZO Martin** et **Maman Pascaline**. Vous êtes exactement les parents qu'il me fallait pour que le plan parfait de Dieu s'accomplisse pour ma vie. Vous avez tout fait pour moi et avez toujours si bien pris soin de moi. Merci pour votre amour indéfectible. Votre amour m'a porté jusqu'aujourd'hui et m'a montré les prémices de ce qu'est l'immense amour de Dieu. Même vos petites imperfections ont contribué à me bâtir. Je vous aime tellement ! Je suis vous suis reconnaissante pour tout.

Merci à mes frères et sœurs : **Thierry, Yves, Laure, Frank et Josée** vous êtes toujours là pour moi. Dans nos différences nous sommes si complémentaires. Notre diversité fait la richesse de notre famille et c'est une véritable fierté de vous avoir. Je ne vous changerais pour aucun autre frère ou sœur au monde !

Merci à mes belles **sœurs Paulette** et **Stéphanie** et mon beau-frère **Pyrrhus**, pour votre soutien infaillible en toutes circonstances et votre amour. Merci à mes nièces et neveux.

Je vous aime tous énormément. Merci à mes tantes et oncles, mes cousins, et cousines. Merci pour votre présence et votre amour.

Merci aux personnes qui m'ont aidée dès mes premiers pas dans la foi et m'ont montré le chemin du Seigneur. Une pensée particulière pour **Andy Nzoyoum.**

Merci aux pasteurs et bergers qui ont pris soin de moi dans les différentes familles spirituelles et qui continuent de le faire jusqu'à ce jour.

Merci au coach **William Djamen**. Un mentor et père pour moi. Te rencontrer a produit tellement de choses dans ma vie ! Tu as été un si puissant instrument de bénédictions et de relâchement de mon potentiel. Je t'aime beaucoup. Merci également à toi **Johanna,** pour ton amour, ton soutien, tes encouragements et ton magnifique cœur.

Merci à vous, **Leticia SAGNO** et **Gwladys OCCOLIER**, des femmes au cœur d'or, vous me portez et m'encouragez tellement dans la foi. J'ai trouvé en vous des mères et des grandes sœurs avec qui je peux être la Victoire faible ou la Victoire forte et cela ne change rien à l'amour que vous me portez. Je vous kiffe grave.

Merci **Ghislaine Tchamkam,** qui a été l'élément boosteur. Tu m'as mis la pression pour que j'écrive enfin mon livre. Merci également **Flore Assa** et **Sabrina Mouliom** vous m'avez encouragée et soutenue. Vous êtes des amies et des sœurs que le Seigneur m'a données. J'en suis si fière. Vous êtes des cadeaux pour moi.

Merci **Jean Paul Ndongo,** mon cher graphiste, pour la magnifique couverture de ce livre et tout le travail déjà abattu ensemble.

Merci aux personnes qui m'ont aidée dans la relecture de ce livre parmi lesquels **Mani**.

Merci à tous ceux qui m'ont aidée de près et de loin. Même si je n'ai pas cité votre nom sachez que je vous aime.

Avant-Propos

Il y a déjà quelques années que j'avais à cœur d'écrire un livre. Lorsque le moment est enfin venu de le faire, j'avais déjà des sujets et thématiques bien préparés dans ma tête et dans mes notes. Je comptais m'en servir pour écrire. Mais contre toute attente, en avançant dans le projet, j'ai fortement ressenti à cœur d'écrire sur l'amour de Dieu. Je fus moi-même la première surprise.

Au fur et à mesure que les jours avançaient et que je réfléchissais à comment écrire ce livre et au pourquoi, j'ai fini par comprendre qu'en réalité, c'était tout à fait logique de commencer le premier de la série de nombreux autres livres à venir (je le crois par la grâce de Dieu) sur le thème central de toute vie : L'AMOUR.

Etant très portée sur tout ce qui est émotions et guérison des blessures émotionnelles, je sais par ma propre expérience et par observation que l'amour est le meilleur des socles pour la guérison de toute blessure de l'âme, et par-dessus tout l'amour de Dieu ! Tel sera donc le thème central de ce livre. Nous aborderons également de temps en temps d'autres thématiques sous-jacentes.

J'ai voulu ce livre intimiste et de type conversationnel. C'est pourquoi je me suis permise de vous tutoyer chers lecteurs. C'était dans le but de créer L'atmosphère d'un échange à cœur ouvert entre vous et moi. Je suis restée naturelle, spontanée et émotive. Le but ici étant de partager avec vous, et aussi de susciter des réflexions en vous afin que chacun recherche, trouve et vive **La Vérité.** Car je suis convaincue que dans la Vérité se trouve le secret du vrai bonheur que nous recherchons tous.

Je vous invite à prendre part à cette conversation avec moi sur l'amour que Dieu porte à chacun de nous. Ne vous retenez pas de me faire part de vos avis ☺.

Au regard de tout ce que j'ai pu vivre et observer, je peux affirmer sans l'ombre d'un doute que, si seulement chacun de nous savait…à quel point Dieu nous aime, notre vie ne serait plus jamais la même !

Introduction

Certains l'appellent Dieu, d'autres la Force Créatrice, L'Univers, le Maître de l'univers, le Grand Esprit, Allah... peu importe le nom que tu lui donnes ou ... pas, toujours est-il qu'il y a cette croyance générale répandue au milieu des hommes qu'il y a quelque chose au-delà de ce que nous voyons et touchons. Cette croyance a toujours été de siècles en siècles et de générations en générations. Les objets et les écrits trouvés remontant à des centaines ou milliers d'années montrent que depuis les civilisations anciennes l'homme a toujours essayé et désiré se connecter au divin par divers rituels, actions, sacrifices, invocations.

Je peux donc affirmer qu'il existe bien ce quelque chose ou ce quelqu'un au-dessus de l'être humain en quoi ou en qui il espère ouvertement ou secrètement être connecté ou connaître. Je l'appellerai dans ce livre Dieu.

Loin de moi l'idée de vouloir faire de grands débats théologiques, honnêtement je n'en suis pas du tout fan. Mais je suis convaincue qu'au fond du cœur de chaque être humain, chacun est porté vers l'éternité et surtout aspire à la **Vérité**.

Je suis convaincue que cette Vérité est à la portée de tous. Je suis même convaincue qu'elle veut être connue de tous et saisie par tous. Il suffit de la rechercher, de l'appeler et de la désirer et elle viendra à toi, car je crois que **la Vérité** désire encore plus que les êtres humains eux-mêmes être connue par eux. Alors, si tu as l'impression de ne pas la connaître ou si tu as de nombreux doutes et questions, pourquoi ne pas l'appeler et lui demander de se révéler et de se faire connaitre à toi ?

Un petit décor ainsi posé, venons-en à notre sujet principal : Dieu et l'amour qu'il nous porte.

Oui, Dieu existe bel et bien et il aime chacun de nous individuellement. Beaucoup ont déjà dû entendre cette affirmation, mais peu connaissent vraiment ce que cela signifie concrètement et ce que cela implique pour eux et pour leur vie.

Pendant longtemps, moi aussi j'entendais dire « *Dieu t'aime* », et moi-même je répétais aux autres « *Dieu t'aime* ». Mais est-ce-que je le croyais vraiment au fond de mon cœur ? Ou plutôt devrais-je dire : est-ce que je l'ACCEPTAIS vraiment dans mon cœur ? Nous, humains, avons cette formidable capacité de pourvoir dire ce que nous ne croyons pas vraiment, de pouvoir penser à ce que nous n'acceptons pas réellement et surtout de pouvoir faire paraître ce que nous voulons bien faire voir aux autres. Mais il y a une personne à qui nous ne pouvons pas mentir : nous-même ; et c'est le plus difficile à supporter. Qu'en pensez-vous ?

Lorsque nous mentons aux autres, c'est pour un temps, juste la durée de leur compagnie. Ils ne sont pas avec nous 24 heures sur 24. Mais lorsque nous essayons de nous mentir à nous-même, c'est si lourd à porter ! Car notre moi intérieur nous répète sans cesse tout le long de la journée que nous mentons. Aïe ! C'est dur à supporter !

Nombreux sont ceux (comme moi à l'époque) qui affirment avec leur bouche « *Dieu t'aime* », « *Dieu m'aime* », mais qui au profond d'eux ne le croient pas sincèrement. Ils sont beaucoup plus nombreux dans les cercles religieux et chrétiens qu'on ne le pense.

Beaucoup de personnes, malgré le fait qu'elles vont à l'église ne croient pas vraiment que Dieu puisse les aimer ; d'autres pensent que Dieu les aime, oui, mais un tout petit peu ; d'autres encore pensent que Dieu les a aimés à une époque mais plus maintenant ; et une dernière catégorie espère que Dieu les aimera un jour peut-être s'ils font tout ce qu'il veut et s'ils réalisent de grandes choses pour lui. Qu'est-ce que c'est épuisant de penser ainsi !!! C'est vraiment fatiguant de vivre avec cette attente et ce désespoir émotionnel !

Le fait est qu'au fond de notre cœur, nous désirons tous être aimés de Dieu, parfois sans le savoir. Même les personnes qui ne connaissent pas Dieu ou qui le rejettent portent en eux le besoin de son amour : c'est ce vide-là qu'il y a au fond de tout être humain. Voyez-vous de quoi je parle ? Ce vide qu'on ressent quand on est tout seul et qu'on réfléchit profondément sur sa vie. Une personne bien inspirée avait dit un jour qu'« ***il y a au fond de tout Homme un vide en forme de Dieu*** ».

Je suis convaincue que c'est vrai. Ce vide se remplit lorsqu'on le rencontre, qu'on reçoit son amour et qu'on développe cette merveilleuse intimité avec lui. Malheureusement, il n'est pas facile pour nous les hommes d'accepter cet amour qu'il nous offre et que nous recherchons et désirons pourtant si ardemment.

A quelle catégorie appartiens-tu ? Fais-tu partie de ceux qui affirment que Dieu les aime mais qui ont du mal à l'accepter dans leur cœur ? Ou appartiens-tu à ceux qui disent ouvertement que Dieu ne les aime pas et que Dieu ne peut pas aimer quelqu'un comme eux ?

Que l'on appartienne à l'une ou à l'autre catégorie, le résultat reste le même : **on ne peut pas jouir de ce qu'on n'arrive pas à croire, on ne peut pas profiter de ce qu'on n'accepte pas.**

L'objectif de ce livre est de faire un petit voyage dans l'univers de l'amour que Dieu nous porte. Je ne sais pas pour toi mais en ce qui me concerne, il m'arrive souvent d'être fatiguée de faire tous les jours des efforts, d'être fatiguée du train-train quotidien, d'entendre uniquement certains enseignements qui portent sur de nombreux sujets mais jamais sur l'amour de Dieu en particulier. Non pas que ces derniers soient mauvais, loin de là ! Je pense juste que nous avons aussi besoin de moments où nous n'entendons parler que de ce merveilleux amour que Dieu nous porte, des moments où nous nous perdons juste dans cet amour afin de le savourer. Cet amour est à mon humble avis, le meilleur carburant pour faire tout le reste.

Ce livre s'adresse à :

- Ceux qui n'ont jamais entendu dire que Dieu les aime ;
- Ceux qui entendent que Dieu les aime mais ont du mal à l'accepter ;
- Ceux qui disent que Dieu les aime avec la bouche mais ne le croient pas vraiment dans leur cœur ;
- Ceux qui disent ouvertement ou secrètement que Dieu ne peut pas aimer quelqu'un comme eux ;
- Ceux qui aimeraient grandir dans la connaissance de l'amour de Dieu pour eux ;
- Ceux que je n'ai peut-être pas pensé à citer mais qui sont concernés par ce livre ;

En fait, il s'adresse à tous les êtres humains qui vivent et respirent sur cette terre, car il n'y a pas d'âme qui vive sur terre que Dieu n'aime pas.

Chapitre 1.

Une relation avec ...Dieu ?

Comme je l'ai dit plus haut, je ne suis pas une experte en théologie et mon objectif n'est pas de faire des grands débats. Je vais juste partager des choses simples que j'ai pu comprendre jusqu'ici en me basant sur la Parole de Dieu et mon expérience avec Dieu.

Parler d'amour c'est parler d'un rapport d'une personne à une autre, même s'il n'y a pas forcément une relation établie et suivie entre les deux. Lorsqu'on parle de l'amour de Dieu, cela laisse apparaitre deux protagonistes principaux : Dieu et L'Homme. Faisons une présentation brève des principales parties concernées.

Qui est Dieu ?

T'est-il déjà arrivé de te poser cette question ? Moi oui. Il m'est arrivé à un moment de vraiment réfléchir à cette question. Dans le vif de mes réflexions, j'ai posé la question à plusieurs personnes. Mais j'avoue que les réponses ne me satisfaisaient pas. Je trouvais qu'elles répondaient en termes de rôles de Dieu et non en termes de nature. Je vous donne quelques exemples et mes échanges.

Conversation 1 :

- D'après toi qui est Dieu ?
- Dieu est le Créateur de l'univers.
- D'accord. Mais là tu le définis par rapport à quelque chose qu'il a fait : la création. Mais est ce qu'avant de créer l'univers il n'existait pas ?
- Bien sûr qu'il existait bien avant de créer l'univers.
- Alors, qui est-il ?

Conversation 2 :

- D'après toi qui est Dieu ?
- Dieu est notre Père.
- Ok, il est notre Père par le fait qu'il nous a engendré et que nous sommes ses enfants. Mais avant de créer l'être humain, Dieu n'existait-il pas déjà ? Il n'était pas

encore notre Père à ce moment-là. Or il existait déjà, alors qui était-il ?

Conversation 3 :

- D'après toi qui est Dieu ?
- Dieu est Bon, Il est Miséricordieux, Dieu est Tout Puissant
- Oui j'entends bien tout cela, mais je trouve que tu me donnes des caractéristiques de Dieu et non qui il est lui-même. Car il est Miséricordieux par rapport à la miséricorde qu'il manifeste face au pécheur, Bon envers sa création, Tout Puissant parce que sa puissance est dessus de toute autre puissance. Mais lui, qui est-il vraiment ?

Bon, vous l'avez compris. En effet, je ressortais toujours insatisfaite de ces échanges, avec un sentiment de ne pas avoir de réponses claires. Je voulais savoir qui était Dieu intrinsèquement, au-delà de ses caractéristiques et de ses réalisations.

Un jour, un verset est monté dans mon cœur : Jean 4 : 4

Dieu est Esprit...

Et là, bim ! J'avais le sentiment d'avoir enfin la réponse que je recherchais : Dieu est un esprit.

Le dictionnaire Le Robert définit un esprit comme étant un être immatériel, sans corps.

Cette réponse éclairait beaucoup de choses pour moi ! Entre autres la réponse à la fameuse question : « *si Dieu existe pourquoi on ne le voit pas ?* » (petit commentaire : honnêtement, cette question m'a toujours vraiment surprise ! On croirait que ceux qui la posent voient tout ce en quoi ils croient !)

Lors d'un échange un jour avec une personne, je lui ai dit de penser à un projet qui lui tenait à cœur. Il l'a fait.

Je lui ai dit :

- Tu y as bien pensé ? Tu visualises cette chose que tu souhaites avoir ?

Il me répondit « oui ».

Je lui dis « *c'est faux, ta pensée n'existe pas* ».

Il me répondit « *comment ça ? Bien sûr, puisque j'y ai pensé* ».

Je lui dis « *parce que moi je ne la vois pas* »

Il me dit « *mais si, j'y ai bien pensé* ».

Et je répondit : « *non c'est faux, si ta pensée existe vraiment pourquoi je ne la vois pas ?* »

Et j'ai renchéri : « *Tu vois ? C'est pareil ! Ta pensée fait partie du monde immatériel, tout comme Dieu est un esprit et est immatériel. Bien que je ne puisse pas la voir, elle existe pourtant. Tu y as bien pensé, tu l'as même perçue dans ton esprit. Pourquoi vouloir voir Dieu avec les yeux physiques pour accepter qu'il existe ? C'est dans le monde immatériel, celui de l'esprit qu'on le rencontre* ».

Je demande souvent aux personnes avec lesquelles j'échange s'ils voient la loi de la pesanteur ou le vent, pour y croire ? Ou s'ils ont été là il y a 400 ou 1500 ans pour croire à ce qu'on leur dit de cette époque. Je leur dis souvent qu'en fait, ce n'est bien souvent pas une question de preuves pour croire à quelque chose mais une question de choix : on choisit ce à quoi on décide de croire ou de ne pas croire.

Une autre de mes réflexions avait porté sur la notion d'éternité. Je sais que ça peut paraître drôle ou même ridicule mais mon petit cerveau humain essayait de comprendre ce que signifie Dieu est éternel 😊.

Je me demandais : « *il a donc commencé à exister à quel moment ?* » J'essayais de remonter le plus loin possible et essayais d'imaginer ce que signifiait qu'il a toujours été là. Je vous avoue que c'était assez difficile de percevoir cela dans ma pensée. Plus j'essayais de remonter de plus en plus en loin et plus ça semblait encore plus loin. Finalement l'image qui me vint à l'esprit fut celle d'un cercle.

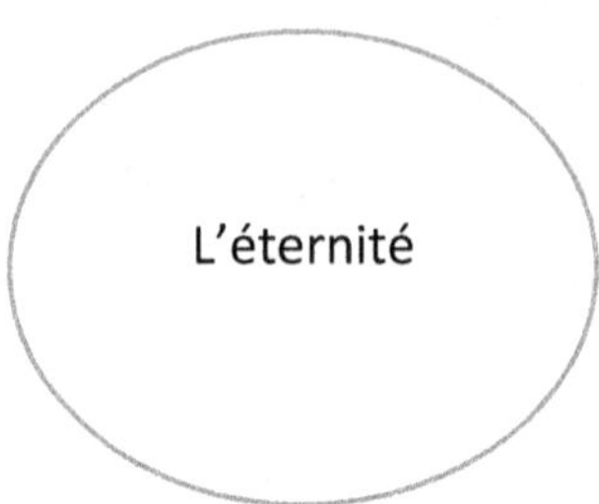

Comment déterminer où commence un cercle ? Ha ! Ha ! Ha ! 😁 Je parle d'un cercle bien dessiné hein, comme celui ci-dessus, pas les cercles que nous dessinons à la maison avec nos crayons 😁. En effet, quel que soit l'endroit où tu te places sur un cercle il y a déjà un avant et un après.

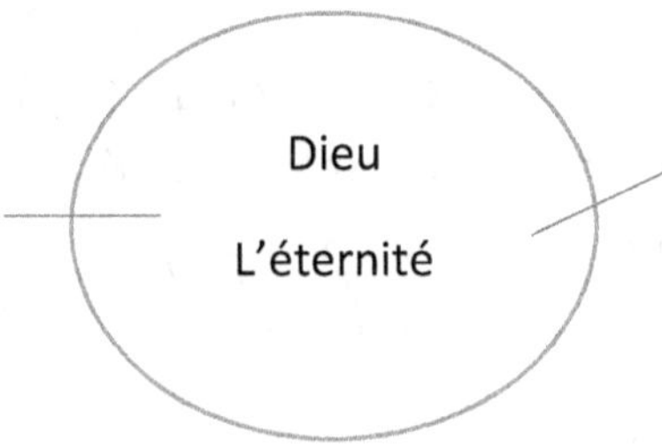

J'ai compris qu'ainsi est Dieu. Il est éternel signifie qu'il a toujours été là et que mon cerveau humain ne peut pas totalement comprendre la totalité de cette notion. Je me contente donc de mon cercle 😊.

Enfin, il y a un verset[1] qui dit que

Dieu est Amour

La troisième de mes réflexions que je partagerai avec toi porte sur la beauté de Dieu. Un jour, je réfléchissais sur Dieu et je me suis dite *« Waouh ! Dieu doit être tellement BEAU !!! »* Oui, je parle de beauté. J'ai réalisé que Dieu doit être tellement magnifique et d'une beauté au-delà de ce que les mots peuvent exprimer. Pourquoi ? Je pensais à la joie et je me disais que Dieu donne la joie. S'il donne la joie, alors lui-même est **Joie**. Regardons autour de nous. Comment sont les gens lorsqu'ils sont contents ? Lorsqu'ils rient ? Lorsqu'ils sourient ? Ne sont-ils pas généralement beaucoup plus beaux, rayonnants que lorsqu'ils ont le visage fermé ? Bien sûr que siiiii. Si lorsque nous manifestons juste un brin de joie nous sommes si beaux et rayonnants, à combien plus forte raison Dieu lui-même le générateur de la Joie serait-il tellement beau et magnifique ?

Cette vérité se vérifie aussi dans le domaine de l'amour. Si l'amour rend souvent les personnes plus gaies, plus belles, plus joyeuses, alors Dieu lui-même qui est Amour, comment est-il ? Waaoouhh !! Il doit être magnifique ! J'ai hâte de le voir en vrai 😊.

---

[1] 1Jean 4 :8

En résumé, Dieu est :

Esprit – Eternel – Amour

Dieu est donc un Esprit qui a toujours été et sera toujours de toute éternité, et dont l'essence profonde, la nature est l'Amour. C'est donc cet Esprit éternel qui fait tout avec Amour qui a créé toute chose, l'univers, le ciel, la terre et l'humain dont toi et moi.

Qui est l'être humain ?

L'homme fait partie des créations de Dieu ; et pas n'importe laquelle ! C'est la seule création dont Dieu a dit : **« faisons-le à notre image et à notre ressemblance »**[2].

Nous ressemblons à Dieu. Etant donné qu'il est un esprit, toi et moi sommes également des esprits.

Nous avons dit précédemment qu'un esprit est immatériel. Pourtant toi et moi sommes bien sur cette terre matérielle. C'est la raison pour laquelle Dieu nous a donné une dimension palpable afin que nous puissions interagir avec

---

[2] Genèse 1 : 26

cette terre matérielle : i s'agit du corps. Pour compléter, il nous a donné une âme afin de ressentir les choses.

L'homme a donc été créé en trois dimensions : l'esprit, l'âme et le corps. L'esprit étant la partie supérieure de ton être, c'est le « vrai toi ». C'est cette partie immatérielle en toi qui pense, réfléchit, décide, planifie, rêve, etc. C'est cette partie de toi au-dedans de toi qui n'a aucune limite et pour qui tout est possible, c'est le « je ».

L'âme est le siège des émotions. Ces sensations que tu ressens qui sont parfois si fluctuantes. Tantôt agréables, tantôt désagréables : colère, joie, tristesse, peur, dégoût, surprise. Ces émotions sont juste des réactions aux informations reçues et au sens que notre intelligence a donné à ces informations. Elles viennent autant des informations internes de nos pensées, que des informations externes perçues au travers des cinq sens.

Ton corps qui est la partie visible, matérielle, touchable de ton être est le véhicule, la maison qui transporte le « vrai toi » qui est ton esprit.

En résumé, je suis, tu es, nous sommes des esprits qui vivons dans un corps et qui avons des émotions.

Les différents rapports entre Dieu et les humains

J'aime bien dire que Dieu ne s'ennuie pas. Il ne fait pas les choses par hasard ou par erreur. Il n'a donc pas créé l'humain pour rien. Si Dieu nous a créé de la même nature que lui c'était pour une bonne raison.

Un jour, je causais avec une de mes sœurs qui avait à cette époque deux enfants. Elle me disait qu'elle voulait avoir un troisième enfant. Je lui ai demandé pourquoi. Sa réponse m'a profondément marquée. Elle m'a répondu : « *Je veux une personne de plus à aimer* ». Waouh ! j'ai été tellement touchée dans mon cœur ! Je comprenais mieux la motivation pour laquelle Dieu a souhaité nous créer, nous engendrer : **pour avoir des personnes de plus à aimer, pour avoir une belle relation d'amour avec toi et moi.**

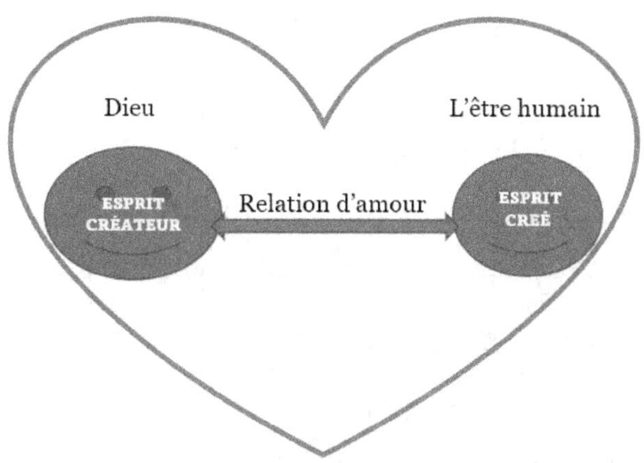

Tous les êtres humains sont des créatures de Dieu. Mais au-delà du rapport Créateur - créature, Dieu a toujours voulu une vraie relation intime avec l'Homme.

Nous pouvons voir dans Genèse 3 que Dieu après avoir placé l'homme dans le jardin venait dans le jardin pour être avec lui. Comme preuve, le jour qu'Adam et Eve se sont cachés, il les cherchait et dit à Adam « *Où es-tu ?* [3]».

Dieu a toujours souhaité être en relation d'amour avec toi et moi, il nous a créés pour faire partie de sa famille. Tout cela dans le but de nous aimer et de nous chérir.

---

[3] Genèse 3 :9 : « *Mais l'Éternel Dieu appela l'homme, et lui dit : Où es-tu ?* »

Mais aujourd'hui, les hommes ont différents types de rapports avec Dieu que je vais répartir en trois grandes catégories.

Rapport 1 : une relation d'amour

Avec ceux qui l'acceptent et souhaitent le connaître et qui cherchent à développer une intimité avec Lui.

Rapport 2 : de l'indifférence

Avec ceux qui disent ou pensent que Dieu n'existe pas. Par conséquent, ils l'ignorent et lui manifestent de l'indifférence.

Rapport 3 : du rejet

Ceux qui savent que Dieu existe mais sont en colère et en haine contre lui et le rejettent pour diverses raisons.

A quelle catégorie appartiens-tu ? Quel rapport as-tu avec Dieu ?

Les relations 2 et 3 ont toutes la même origine : **l'ignorance de l'amour de Dieu.** Car nul ne peut connaitre réellement à quel point Dieu l'aime et ne pas courir dans ses bras, et ne pas se languir d'avoir une intimité avec lui.

Le rapport 1 concerne ceux qui acceptent que Dieu existe et sont dans la dynamique de le connaitre et de développer une bonne relation avec lui.

Dans le premier type de rapport, bien que dans la mouvance de le connaitre et d'être en relation d'amour avec Dieu, beaucoup de croyants continuent malheureusement d'ignorer ou plutôt d'accepter partiellement dans leur cœur l'amour que Dieu leur porte. Pourtant, comprendre et accepter cet amour divin est si capital !

Chapitre 2.

Pourquoi est-il si important de comprendre et d'accepter l'amour de Dieu pour toi ?

Comprendre et surtout accepter l'amour Dieu pour toi t'apporte de nombreux bénéfices car c'est la base d'une bonne relation avec Dieu et c'est ce qui a motivé Dieu à faire tout ce qu'il a fait pour toi.

Entendre parler de l'amour de Dieu, le comprendre et l'accepter sont trois choses différentes.

Selon le dictionnaire Robert, ***entendre*** signifie percevoir par le sens de l'ouïe ; ***comprendre*** renvoie à saisir le sens de quelque chose et ***accepter*** veut dire recevoir, prendre volontiers.

Une personne peut entendre sans comprendre et comprendre mais avoir du mal à accepter.

Ceux qui entendent mais ne comprennent pas

Il y a une catégorie de personnes qui entendent parler de l'amour de Dieu sans vraiment le comprendre, sans en percevoir pleinement le sens, sans comprendre la portée de ces vérités.

Ces informations restent simplement au niveau de l'intellect et n'atteignent pas leur cœur. Les personnes restent indifférentes et continuent leur train-train quotidien comme si de rien n'était. C'est pareil lorsque tu ne connais pas une langue. Tu l'entends mais tu ne comprends pas le message qui est véhiculé. On pourrait parler d'un complot pour ta mort devant toi et tu n'en saurais rien. Tu te ferais ainsi bêtement tuer alors que tu as tout entendu mais tu n'as pas pu te sauver parce que tu n'as rien compris. C'est exactement ce qui se passe avec l'amour de Dieu. Beaucoup en entendent parler mais ne comprennent pas.

Cet amour est pourtant source de vie émotionnelle, psychique, physique et spirituelle. Mais beaucoup continuent de mourir dans tous ces domaines de leur vie parce qu'ils ne le comprennent pas.

Si tel est ton cas, je t'invite à faire cette simple prière : *« Dieu, toi qui m'as créé, s'il te plaît aide-moi à comprendre l'ampleur de ton amour pour moi et les répercussions pour ma vie. Amen »*.

Ceux qui comprennent et acceptent partiellement

Une autre catégorie de personnes comprennnent partiellement l'amour de Dieu pour leur vie. On peut parler de compréhension partielle ou de compréhension erronée car il y a beaucoup de fausses interprétations de cet amour et de fausses idées qui s'infiltrent dans sa perception. Dans ce dernier cas, les actions posées seront également partielles et erronées. En effet, nous ne pouvons agir que dans la limite de notre connaissance.

Cette compréhension partielle est bien souvent due aux blocages internes causés par divers facteurs. Cela va entrainer une compréhension partielle ou faussée de cet amour. Ces facteurs peuvent être :

- Les systèmes de pensées de la société qui nous entoure
  - Exemple : la méritocratie. *Je dois mériter l'amour de Dieu par mes actions.*
- L'éducation et le contexte familial
  - Exemple : l'amour conditionnel. *Pour que Dieu m'aime, je dois beaucoup prier, jeûner et ne jamais pécher.*
- Les coutumes et traditions

➢ Exemple : l'abus de pouvoir ou le favoritisme. *Dieu aime plus mon pasteur que moi, je suis un petit chrétien.*
- Les blessures émotionnelles
    ➢ Exemple : le rejet, l'abandon. *Et si Dieu en a marre de moi un jour et m'abandonne ?*
- Les traumatismes
    ➢ Exemple : une mère manipulatrice, un père abusif. *Lorsque j'appelle Dieu « Père », je le vois comme mon père naturel et je me dis qu'il doit être hyper sévère.*

Dans le cas d'une compréhension partielle, l'acception de cet amour sera également partielle. A mon avis, cela explique pourquoi le concept de la grâce est si peu expliqué et si peu vécu dans les églises. A ce propos, les enseignements d'Andrew Wommack sur la grâce vous éclaireront énormément. En effet, la grâce est la faveur **<u>imméritée</u>** que Dieu accorde à chacun de nous. Qu'est-ce qui motive donc Dieu à nous faire tant de faveurs ? Son amour pour nous bien entendu.

Qu'en est-il te concernant ? Es-tu de ceux qui ont entendu parler de l'amour de Dieu mais qui sont « restés à 37 » [4] ? Ou de ceux qui ont compris que Dieu les aime mais cette compréhension est altérée par des mauvais raisonnements ?

---

[4] Expression pour dire rester à 37° c'est-à-dire rester indifférent face à une situation.

Ou fais-tu partie de ceux qui ont une bonne compréhension de cet amour et qui en jouissent pleinement ?

Ceux qui ont une bonne compréhension de l'amour de Dieu

Il y a enfin ceux qui ont bien compris l'amour de Dieu. Sans l'ombre d'un doute, bien sûr qu'ils l'acceptent à cœur ouvert ! Car qui peut vraiment réaliser tout ce que l'amour de Dieu implique pour lui et ne pas l'accepter ? Personne ! Vraiment personne !

Comprendre à quel point Dieu t'aime, c'est comprendre la base de ton existence et de ta relation avec Lui car tout ce que Dieu a fait pour toi est motivé par son amour :

1. C'est pour t'aimer qu'il t'a créé.
2. C'est parce qu'il t'aime qu'il désire être intime avec toi.
3. C'est parce qu'il t'aime qu'il est toujours le premier à venir vers toi.
4. C'est parce qu'il t'aime qu'il continue de venir vers toi même quand tu le rejettes ou l'ignores.
5. C'est parce qu'il t'aime qu'il a accepté d'être torturé, de subir l'oppression des bourreaux afin tu ne sois plus opprimé.

6. C'est par amour qu'il a décidé de porter tes maladies afin que tu sois en bonne santé.
7. C'est parce qu'il t'aime qu'il a choisi de mourir à ta place afin que tu ne meures pas éternellement.
8. C'est parce qu'il t'aime qu'il supporte tout.
9. C'est parce qu'il t'aime qu'il a décidé de te pardonner tous tes péchés du passé, du présent et même ceux que tu commettras dans ton futur.
10. C'est parce qu'il t'aime qu'il a missionné des anges te protéger et te servir.
11. C'est parce qu'il t'aime qu'il te prépare une place pour vivre avec lui dans le bonheur éternel.
12. C'est parce qu'il t'aime qu'il a envoyé son Esprit Saint vivre à l'intérieur de toi.
13. C'est parce qu'il t'aime que... La liste est si longue !

Lorsque tu réalises à quelle intensité Dieu t'aime, tu acceptes de lui faire confiance, tu crois en ses promesses, tu crois en sa Parole. Etant donné que c'est par la foi qu'on obtient ses grâces, tu les obtiens donc et tu mènes une vie épanouie et une vie de repos.

Concernant tout cet amour que Dieu a pour toi, pour moi, pour chaque être humain, il l'a matérialisé d'une façon extraordinaire. Il ne s'est pas contenté de belles paroles, il est passé aux actes et a décidé de nous le prouver.

La preuve ultime de l'amour de Dieu pour toi

En effet, Dieu a pris une forme humaine en la personne de Jésus (qui signifie Dieu sauve) et il est venu sur la terre porter tous tes péchés, tes douleurs, tes maladies, tes malédictions, tes oppressions, tout ce qui découlait de tes actes de désobéissance ! Il a tout pris sur lui et est mort à ta place afin que toi qui est tellement coupable tu deviennes tellement innocent. Car tu ne pouvais pas te sauver toi-même et tu étais voué à la mort éternelle. C'est ce qu'on appelle la faveur non méritée de Dieu (la grâce) ! Pour en profiter il faut donc le croire et l'accepter sincèrement dans ton cœur. A cet effet, il dit dans sa Parole que :

« 9 En effet, si de « ta bouche », tu confesses que Jésus est Seigneur, et si, de tout « ton cœur », tu crois que Dieu l'a ressuscité des morts, tu seras sauvé,

10 car celui qui, de tout son cœur, a placé sa confiance en Dieu, a été déclaré juste par lui. Celui qui, de sa bouche a rendu témoignage à sa foi, Dieu l'a sauvé.

11 C'est aussi ce que dit l'Écriture : Quiconque attend tout de Dieu et place en lui sa confiance ne sera pas déçu. (Romains 10 : 9-11[5])

---

[5] Version parole vivante

Si tu ne l'as jamais vraiment accepté dans ton cœur, je te propose de faire cette prière avec sincérité :

> *« Dieu, c'est toi qui m'as créé(e) et manifesté(e) sur terre. Tu m'as aimé depuis toujours et tu m'aimes encore. Tu as prouvé ton amour pour moi en envoyant Jésus mourir à ma place alors que je ne le méritais pas. Je te demande pardon pour tous mes péchés et je te prie de les effacer. Je décide de changer de vie. J'accepte Jésus-Christ comme mon Seigneur et Sauveur et je te donne ma vie. Dirige-moi désormais et que tes plans pour ma vie se réalisent. Merci de m'avoir sauvé. Amen. »*

Maintenant que tu as décidé d'accepter son amour, décide de faire confiance à Dieu et de te laisser guider par Lui. Intègre une communauté de chrétiens sincères, lis la Bible pour apprendre à mieux le connaitre et parle lui chaque jour en priant. Alléluia !!

Si certains ont souvent du mal à accepter cet amour, c'est à cause de nombreux mensonges auxquels ils ont cru et accepté au détriment de ce que Dieu a dit qui est la vérité.

Chapitre 3

Ces mensonges qui nous empêchent d'accepter l'amour de Dieu

Par notre création, nous sommes appelés à avoir une belle relation d'amour avec notre Créateur. Mais ce n'est pas toujours le cas à cause des mensonges que nous acceptons souvent au détriment de la vérité qu'il nous dit. Ces mensonges qui ont pour vocation de nous mener à la souffrance, la douleur et la mort sont initiés par un ennemi qui, depuis le jardin d'Eden jusqu'aujourd'hui continue d'agir. Son but ultime est de nous éloigner de Dieu, de la vie de bonheur pour laquelle nous avons été créés et nous conduire à la mort.

L'opposant et L'ennemi de Dieu et des êtres humains

Lorsque je lis la conversation entre Eve et le serpent, je suis profondément choquée par le contraste entre ce que Dieu dit et ce que le serpent dit. Tu peux lire toute l'histoire dans Genèse 2 et Genèse 3.

Dieu	Le serpent
Mais tu ne dois pas manger les fruits de l'arbre qui fait connaître ce qui est bien ou mal. Oui, le jour où tu en mangeras, **tu mourras, c'est sûr. »**	Le serpent répond à la femme : **« Pas du tout ! Vous ne mourrez pas !**

Chaque fois que je regarde ces deux versets, je suis choquée de voir à quel point l'opposant a dit le contraire de ce que Dieu avait dit. J'ai envie de lui dire à chaque fois : *« comment tu oses ??!!! Comment tu oses traiter Dieu de menteur ? Tu as le toupet de dire le contraire de ce qu'il a dit ! En plus, tu sais très bien que tu es en train de mentir et qu'elle va bien mourir. Tu l'induis volontairement en erreur dans le but qu'elle meurt. Tu es tellement méchant ! »*. Le détail de la conversation se trouve dans Genèse 2 :16-17[6] et Genèse 3 : 1-5[7].

Hé oui ! C'est bien cela ! L'ennemi de Dieu et notre ennemi a menti ce jour-là à Adam et Eve et cela a entrainé leur mort.

Oui, Dieu a un être qui aime s'opposer à lui et à ce qu'il dit, c'est ce qu'on appelle un adversaire. Cet adversaire va plus loin : il déteste Dieu et par ricochet, il déteste également ceux que Dieu aime : les humains.

Cet ennemi est un esprit généralement connu sous le nom de « Satan » qui vient d'un mot hébreu qui signifie « *être ou agir comme un adversaire, résister, s'opposer, ennemi* ».

---

[6] Genèse 2 :16 Le SEIGNEUR Dieu donne cet ordre à l'homme : « Tu peux manger les fruits de tous les arbres du jardin.
17 Mais tu ne dois pas manger les fruits de l'arbre qui fait connaître ce qui est bien ou mal. Oui, le jour où tu en mangeras, tu mourras, c'est sûr. » Version Parole de vie.
[7] Genèse 3 : 1-5 : 1 Il demande à la femme : « Est-ce que Dieu vous a vraiment dit : "Ne mangez aucun fruit du jardin" ? »
2 La femme répond au serpent : « Nous pouvons manger les fruits du jardin.
3 Mais pour l'arbre qui est au milieu du jardin, Dieu a dit : "Ne mangez pas ses fruits et n'y touchez pas ! Sinon, vous mourrez." »
4 Le serpent répond à la femme : « Pas du tout ! Vous ne mourrez pas ! 5 Mais Dieu le sait bien : le jour où vous en mangerez, vos yeux s'ouvriront. Vous serez comme des dieux, vous pourrez savoir ce qui est bien ou mal. » Version parole de vie

Notre ennemi a réussi à tromper Adam et Eve dans le jardin d'Eden. Sa stratégie fut efficace. On dit souvent qu'on ne change pas l'équipe qui gagne. Pourquoi changerait-il une méthode qui a si bien marché depuis le début et qui continue de si bien fonctionner de nos jours ?

De l'information à l'intoxication

L'ennemi a entamé un échange avec Eve dans le but de la pousser à faire le contraire de ce que Dieu lui avait dit et ainsi de la pousser à la mort. Cet échange peut être découpé en plusieurs étapes :

1. *L'information + La conséquence + La Promesse*

> ➢ *L'information donnée à l'homme :* Tu peux manger les fruits de tous les arbres du jardin sauf ceux de l'arbre qui fait connaître ce qui est bien ou mal.
> ➢ *Conséquence certaine :* Si tu en manges, tu mourras.
> ➢ *Promesse :* Si tu n'en manges pas, tu continueras à vivre.

2. La semence du doute

Le serpent demande à la femme si Dieu a vraiment dit qu'ils ne mangent aucun fruit du jardin.

> ➤ La formulation de la question contient déjà une information erronée, comme s'il voulait vérifier si la femme avait bien retenu ce qui avait été dit. Prêcher le faux pour savoir le vrai, comme dit.
>
> ➤ Lorsqu'une question est posée de cette façon, il y a de fortes chances qu'on se demander si on a vraiment bien compris la consigne. La façon simple de la demander n'aurait-elle pas été : « *qu'est-ce que Dieu vous a dit à propos de la consommation des fruits du jardin ? »*

3. Le rappel de l'information

La femme rappelle ce que Dieu a dit en corrigeant l'erreur infiltrée dans la question : ils pouvaient manger de tous les fruits sauf celui de la connaissance du bien et du mal car s'ils en mangeaient ils mourraient.

> ➤ La femme se souvenait donc exactement de l'ordre qui avait été donné.

4. L'intoxication + La conséquence + La Promesse

Le serpent introduit donc la mauvaise information en y

rajoutant bien entendu une belle promesse à la clé pour la pousser à accepter ce qu'il dit :

> ➢ *L'information donnée à la femme :* ce que Dieu vous a dit est faux !
> ➢ *Conséquence :* Si vous mangez ce fruit, vos yeux s'ouvriront, vous deviendrez comme des dieux et vous connaitrez ce qui est bien et ce qui est mal.
> ➢ *Promesse* : Si vous en mangez, vous ne mourrez pas. Au contraire, vous deviendrez comme des dieux.

5. L'instant de réflexion (quel choix faire ?)

Faut-il croire et accepter l'information ou l'intoxication ?
> ➢ Le passage affirme que « *la femme se dit : les fruits de cet arbre sont beaux, ils doivent être bons... »[8] »* : cela signifie qu'elle se parle à elle-même, elle commence à réfléchir et à se poser des questions.
> ➢ Sa réflexion porte sur ce que le serpent vient de lui dire : les fruits de cet arbre lui paraissent tout à coup beaux et semblent être bons, ils donnent envie d'en manger pour savoir plus de choses.

---

[8] Version Parole de vie. Genèse 3 : 6La femme se dit : les fruits de cet arbre sont beaux, ils doivent être bons. Ils donnent envie d'en manger pour savoir plus de choses. Elle prend un fruit de cet arbre et le mange. Elle en donne à son mari qui est avec elle, et il en mange aussi.

o Hé boum ! L'intoxication a fait son effet ! La réflexion de la femme est imprégnée de ce que le serpent lui a dit.

6. La décision (choix fait entre l'info ou l'intox)

Au bout de toute réflexion, il faut bien finir par faire un choix qui entraine une décision. La femme fait donc un choix et prend une décision qui se verra dans l'action qu'elle va poser.

7. L'action (produit de la décision)

➢ La femme prend un fruit de cet arbre et le mange. Elle en donne à son mari qui est avec elle, et il en mange aussi.
➢ Leur action montre qu'ils ont finalement choisi d'acception l'intoxication du serpent.
➢ Ils ont décidé de croire qu'en mangeant ce fruit interdit non seulement ils ne mourront pas, mais en plus leurs yeux s'ouvriront. Ils deviendront comme des dieux et ils pourront discerner ce qui est mal et ce qui est bien.

8. Les conséquences (issues de l'action)

Lorsque l'homme et la femme ont mangé le fruit interdit, les conséquences n'ont pas tardé à se faire connaitre et ont permis de déterminer sans l'ombre d'un doute qui disait la vérité : Dieu ? ou l'ennemi ?

- ➢ Quelques conséquences :
  - o Leurs yeux à tous les deux s'ouvrirent, et ils prirent conscience qu'ils étaient nus et firent un pagne pour se couvrir.
  - o L'homme entendit Dieu dans le jardin et eut peur et il se cacha parce qu'il avait constaté qu'il était nu.
  - o La femme aura désormais des grossesses pénibles et enfantera dans la souffrance.
  - o Le sol fut maudit à cause de cet acte de l'homme : désormais l'Homme gagnera sa nourriture en transpirant beaucoup, et ce, jusqu'à sa mort. Puis à sa mort, il retournera dans la terre d'où il est venu.
  - o Les deux furent chassés du jardin.
- ➢ Les conséquences montrent clairement que c'est l'information de Dieu qui était la vérité et qui avait pour but le bonheur des hommes ; et que l'information du serpent était mauvaise et mensongère. Elle était un poison qui avait pour but le malheur, la destruction et la souffrance des hommes.

Le processus de l'information à l'action

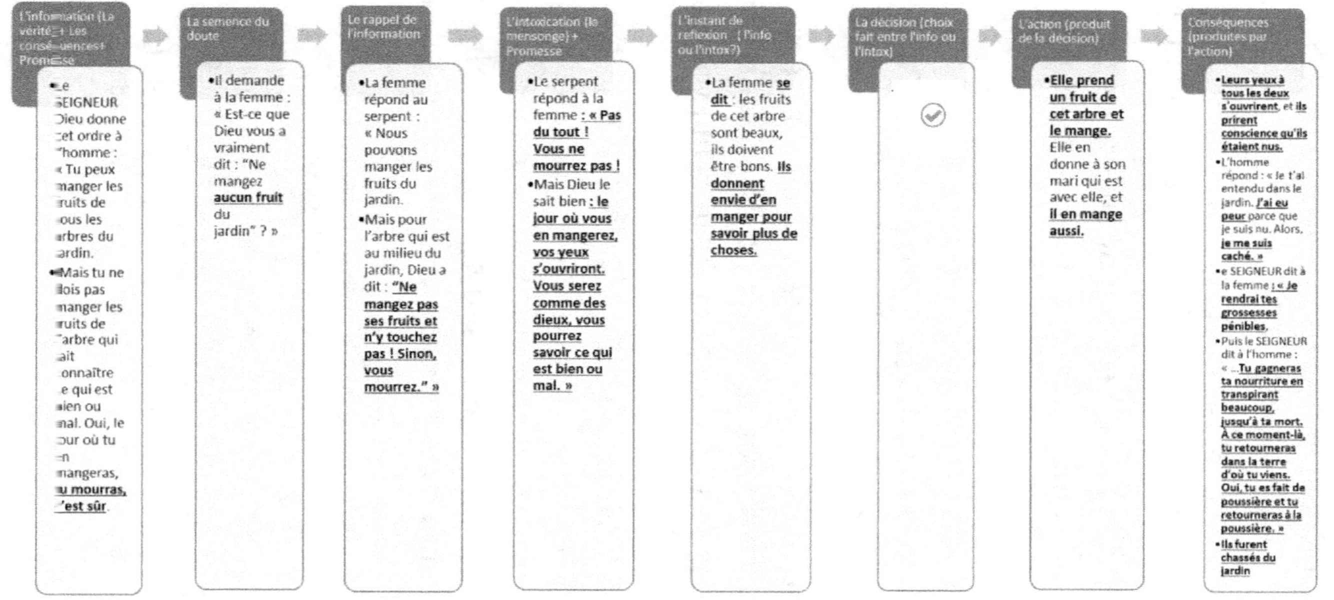

Au quotidien, nous faisons face à ce conflit entre ce que Dieu nous dit et les tentatives de l'adversaire de nous pousser à faire le contraire. Le but étant bien entendu de nous pousser loin de Dieu pour que nous vivions dans le malheur et la mort.

Ce processus de décision auquel nous faisons face tous les jours me semble pouvoir être ramené à 6 étapes majeures à savoir :

1. *L'information (la Vérité) + Les Conséquences + La Promesse*

Dieu nous dit une vérité. Si nous l'acceptons nous avons la promesse de bonnes choses qui vont nous arriver. Si nous la refusons ce sont choses mauvaises qui vont nous arriver.

Exemple :

Information (la Vérité) : Je t'aime et je t'aimerai toujours[9], c'est pourquoi je pardonne et j'efface tous tes péchés et je ne m'en souviens même plus[10].

Conséquence : Si tu ne crois pas que je t'aime tu vivras dans la peur et tu ne pourras pas me faire vraiment confiance[11].

---

[9] Jérémie 31 :3 "Je t'aime depuis toujours et pour toujours. C'est pourquoi je reste profondément attaché à toi. Version Parole de vie

[10] Esaïe 43 : 25 Pourtant, c'est moi, oui c'est moi qui pardonne tes fautes, parce que je le veux bien. Et je ne m'en souviendrai plus. Version parole de vie

[11] 1 Jen 4 :18 Dans un véritable amour, il n'y a pas de place pour la crainte, car l'amour vrai chasse toute trace de crainte. En effet, la crainte suppose l'idée d'une culpabilité et la perspective d'un châtiment. Celui qui vit dans la peur (du jugement) montre par-là que l'amour n'a pas encore atteint en lui son parfait développement. Version Français courant

<u>Conséquence</u> : Si tu acceptes que je t'aime et que je t'aimerai toujours, tu me feras confiance de tout ton cœur, tu croiras que je t'ai vraiment pardonné[12] tu auras toujours la joie et la paix et tu verras nombreuses de mes promesses se réaliser dans ta vie car tout est possible à celui qui me fait confiance.[13]

2. *La semence du doute* + *L'intoxication (le Mensonge)* + *La Promesse*

Notre ennemi vient semer le doute en nous et nous communique une information opposée à ce que Dieu nous a dit. Etant rusé, il parle beaucoup dans nos pensées avec le « *je* » et nous croyons ainsi que c'est nous qui pensons.

Exemple :

<u>La semence du doute</u> : Dieu m'aime-t-il vraiment ? Est ce qu'il peut vraiment m'aimer sans fin malgré tout le mal que j'ai fait ?

<u>L'intoxication (le Mensonge)</u> : Dieu ne peut pas aimer quelqu'un comme moi, non ce n'est pas possible. Il m'a peut-être aimé quand j'étais bébé car à ce moment-là j'étais innocent (e). Depuis lors, j'ai fait tellement de mauvaises

---

[12] 1 jean 1 :9 Mais si nous confessons nos péchés, nous pouvons avoir confiance en Dieu, car il est juste : il pardonnera nos péchés et nous purifiera de tout mal.

[13] Marc 9 : 23 Jésus lui répond : « Pourquoi est-ce que tu dis : "Si tu peux faire quelque chose..." ? Tout est possible pour celui qui croit ! » Version parole de vie

choses qu'il ne peut plus m'aimer aujourd'hui. Non ce ne serait pas logique ni possible, je suis trop sale et indigne. C'est pourquoi je dois m'éloigner de lui, le fuir, me cacher.

<u>La Promesse</u> : en m'éloignant de lui et en le fuyant, je serai tranquille. Je n'aurai pas besoin de le confronter pour tout le mal que j'ai pu faire. Je serai tranquille et je serai épargnée du douloureux sentiment de honte que je ressentirais si je m'approche de lui.

2. L'instant de réflexion

Quel choix faire ? Dois-je accepter ce que me dit Dieu ou ce que me dit l'ennemi de ma vie ? C'est la bataille qui se déroule dans nos pensées. Joyce Meyer en parle si bien dans son livre que je vous recommande vivement **Le champ de bataille de la pensée.**

C'est dans notre pensée que vont se bousculer ces deux informations jusqu'à ce que nous fassions le choix de croire en l'une d'elles.

Exemple :

Est-ce donc possible que Dieu m'aime malgré tout ? Non, impossible, ce n'est pas possible, je suis trop nul, incapable et je fais trop d'erreurs. Il m'aime encore ou il ne m'aime plus ?

3. *La décision* (le choix fait entre la vérité ou le mensonge – l'info ou l'intox)

Au bout de nos réflexions, nous finissons toujours par faire un choix parmi les deux informations auxquelles nous faisons face. Fort malheureusement, nous choisissons trop souvent les mensonges de notre ennemi au détriment de la Vérité.

Exemple :

Bon, finalement je pense que Dieu ne m'aime pas. D'ailleurs s'il m'aimait, je n'aurai pas autant souffert. Il était où quand tout cela m'arrivait ? De toute façon il est trop saint et ne peut accepter proche de lui quelqu'un qui a avorté, commis l'adultère, tué, manipulé, qui a été aussi méchant que moi.

3. *L'action* (produit de la décision)

Exemple :

Je reste de mon côté et lui de son côté. Je ne veux pas entendre parler de Dieu. Je ne vais plus à l'église. Je ne prie plus et je ne lis plus sa Parole.

4. *Les conséquences* (négatives ou positives produites par l'action)

Elles découlent naturellement des actes que nous posons et qui proviennent bien entendu de la décision prise dans notre cœur.

Si nous avions choisi de croire en la vérité, nous avons posé des actes positifs et nous jouissons des conséquences positives.

Si nous avions choisi de croire au mensonge, nous avons posé des actes négatifs et nous souffrons des conséquences négatives.

Exemples :

Ayant décidé de ne pas croire en l'amour de Dieu, je ne lui fais pas confiance. Je ne fais donc pas ce qu'il me recommande pour mon bien.

Je vis et agis comme je veux. Je suis remplie d'amertume et de colère, cela a provoqué des maux d'estomac chroniques et le mal de nerfs.

Mon corps est malade parce que je me drogue en vue d'un certain bonheur que je recherche en vain.

Le processus de l'information à l'action

Étape 1	Étape 2	Étape 3	Étape 4	Étape 5	Étape 6
• L'information (La vérité) +Conséquence+ Promesse	• La semence du doute + l'intoxication + Promesse	• L'instant de reflexion (l'info ou l'intox?	• La décision (choix fait entre l'info ou l'intox)	• L'action (produit de la décision)	• Conséquences + ou - (produites par l'action)

Nous retrouvons ces étapes se retrouvent dans de nombreux choix et décisions que nous avons à prendre. Parfois, à cause de notre ignorance, nous n'avons même pas l'étape 1. Nous n'avons même pas la bonne information et ne connaissons même pas la vérité ni les merveilleuses promesses qui y sont attachées. C'est triste ☹ ! Notre ennemi n'a dans ces cas même plus besoin d'essayer de nous convaincre, nous sommes trompés depuis notre enfance. C'est pourquoi nous devons rechercher la connaissance, avoir soif d'elle et soupirer après la sagesse. Nous devons le faire afin de connaitre la vérité, la choisir et vivre heureux et en toute vraie liberté[14].

Pourquoi croire en celui qui te déteste au détriment de celui qui t'aime ?

Honnêtement, lorsque je lis souvent cet échange entre Eve et le serpent, j'ai envie de lui demander *« mais Eve, pourquoi tu l'écoutes* 🙁 *? Pourquoi tu préfères le croire lui, plutôt que de croire Dieu qui t'a créée, qui prend soin de toi, qui t'a offert un magnifique jardin, un superbe mari ? Pourquoi tu choisis de le croire, alors qu'il n'a rien fait pour toi ? Qu'a fait le serpent pour toi ? Que t'a-t-il donné ? Franchement je ne comprends pas ».*

La triste réalité c'est qu'aujourd'hui, nous continuons à faire la même chose. J'ai été tellement attristée le jour que j'ai réalisé que chaque fois que je choisis de croire un mensonge de l'ennemi plutôt que Dieu, non seulement je traite Dieu de menteur, mais en plus, je fais confiance à mon pire ennemi, à quelqu'un qui ne me veut que du mal ! Je refuse de croire à ce que me dit mon Créateur, mon Père, qui m'aime de tout son cœur et qui l'a prouvé de tellement de façons, pour croire et

---

[14] Jean 8 :32 Vous comprendrez la vérité, et la vérité fera de vous des hommes libres. Version parole Vivante.

faire confiance à celui qui me déteste le plus au monde, qui veut me faire souffrir, qui recherche mon malheur et ma mort. Je trouve cela tellement insensé ! Pourtant, c'est ce que nous faisons tous, moi y compris. C'est pourquoi nous avons tous tellement besoin de l'aide de Dieu pour tout faire dans sa volonté, pour faire des bons choix pour nous-mêmes ! S'il te plaît Père, aide-nous 🙏 !

Ces mensonges qui nous empêchent de jouir pleinement d'une belle relation d'amour avec notre Père

La vérité selon laquelle Dieu nous aime ne fait pas exception aux tentatives d'intoxication de notre ennemi. Ce dernier travaille d'arrache-pied pour nous faire croire le contraire. En effet, il sait que c'est la base de tout et la fondation de notre relation avec Dieu. Plus solide sera cette fondation, plus forte sera notre relation avec Dieu. Plus cette fondation sera fragile, déformée, instable ou même inexistante, ainsi sera également notre relation avec Dieu : fragile, déformée, instable et parfois inexistante.

Pour empêcher cette fondation d'être de bonne qualité, notre ennemi utilise de nombreux mensonges qui sont infiltrés consciemment ou inconsciemment dans nos pensées. Quels sont ces mensonges ? Nous en examinerons neuf. La liste n'est bien entendu pas exhaustive.

Mensonge 1 : Si Dieu m'aimait vraiment je n'allais pas autant souffrir et avoir tous ces malheurs.

Psaume 115 :16 « *Le ciel appartient au Seigneur, à lui seul, mais la terre, il l'a remise aux humains.* »

Dieu a donné la terre aux hommes, donc il revient aux hommes de gérer la terre. Ce qui se passe sur terre découle des actes des hommes. Les êtres humains s'allient régulièrement consciemment ou inconsciemment à leur ennemi, et une fois leurs pensées intoxiquées, ils font de nombreux mauvais choix et mauvais actes qui détruisent leur vie et celle des autres.

Dieu n'a jamais voulu ni désiré faire souffrir les hommes, il a toujours eu et continue d'avoir pour toi et moi des plans de bonheur et non de malheur[15].

Mensonge 2 : Si Dieu m'aime vraiment pourquoi il n'a pas exaucé mes prières ?

Jean 3 :16 « *Oui, Dieu a tant aimé le monde qu'il a donné son Fils, son unique, pour que tous ceux qui placent leur confiance en lui échappent à la perdition et qu'ils aient la vie éternelle* ».

---

[15] Jérémie 29:

Je n'ai pas la prétention de vouloir expliquer pourquoi beaucoup de prières restent sans exaucement. Je l'ignore. Cela est souvent le cas même lorsque les personnes qui prient ont vraiment la foi que Dieu va exaucer leur demande : la guérison, l'enfantement, le redressement d'une situation difficile, etc. Face au non exaucement, la déception est parfois si douloureuse ! En particulier lorsqu'une mort en découle.

Ce que je peux te dire c'est que la plus grande preuve d'amour que Dieu t'a donné ou a donné à la personne concernée pour qui tu priais c'est le sacrifice de Jésus-Christ à votre place pour porter votre châtiment éternel. Ce cadeau dépasse toute autre chose. La vie éternelle qui t'a été offerte est bien plus que tout le reste (guérison, enfant, mariage, entreprise, emploi, etc.). Bien entendu ces autres choses dont tu as besoin sont aussi importantes mais tu as déjà eu la plus belle preuve que Dieu t'aime. Le fait que ta prière n'ait pas été exaucé ne signifie pas qu'il ne t'aime pas. Il t'aime sans cesse.

Pour une raison que toi et moi ignorons, Dieu ne t'a pas donné ou ne t'a pas encore donné ce que tu désires ou désirais si ardemment. Mais je te suggère (avec insistance) de décider et de choisir de lui faire confiance au-delà de ta douleur et de ton incompréhension. S'il te plaît ne définis pas l'amour que Dieu te porte par les circonstances actuelles. Son amour se définit par ce qu'il a déjà fait pour assurer ton passé, ton présent, ton futur et ton éternité.

Je te présente mes condoléances et tous mes encouragements à toi qui traverse une situation pareille, qu'il s'agisse d'un deuil ou d'autre chose. Que ton cœur blessé, meurtri et endolori soit apaisé et guéri. Et puisses-tu retrouver des forces et de l'espérance. Amen. S'il te plaît, ne laisse pas la douleur et le désespoir engloutir ta vie. Pleure, oui exprime ta douleur. Ensuite, essuie tes larmes et relève-toi car même si tu ne le vois pas et ne le sens pas, demain t'apportera quelque chose de bon si tu le lui permets. Si tu choisis de lui faire confiance toutes ces douleurs et peines finiront par travailler miraculeusement pour ton bien[16]. Crois seulement, avance, et tu verras.

Mensonge 2 : Si Dieu nous aime pourquoi autant de souffrances sur la terre ?

Apocalypse 12 :12 « *Soyez donc dans la joie, vous, le ciel et ses habitants ! Mais quel malheur pour vous, la terre et la mer ! L'esprit du mal est descendu chez vous et il est très en colère, parce qu'il a peu de temps et il le sait.* »

---

[16] Version Louis Segond. Romains 8 :28 « *Toutes choses concourent au bien de ceux qui aiment Dieu* »

Je ne comprends pas pourquoi les hommes ont tendance à accuser Dieu pour les problèmes sur la terre alors que le coupable c'est leur ennemi. Ne confondons pas d'adversaire : Dieu n'est pas notre ennemi, c'est Satan qui nous veut du mal. C'est lui qui a infiltré les pensées et les cœurs des humains pour les pousser à faire du mal. C'est lui a également corrompu les autres créatures (environnement, animaux, climat, atmosphère, etc.) d'où les nombreux disfonctionnements observés de nos jours. N'oublions pas qu'au commencement tout ce que Dieu a créé était bon (voir Genèse 1).

Mensonge 3 : Je me sens trop coupable pour aller vers Dieu. J'ai trop honte de ce que j'ai fait, je n'ai pas le courage de me présenter devant Dieu.

Hébreu 4 : *13-16 Rien n'est caché pour Dieu. Tout ce qu'il a fait se présente ouvertement devant ses yeux. Son regard découvre tout, et c'est à lui que nous devons rendre compte.*

14 Nous avons un grand-prêtre puissant qui est arrivé jusqu'à Dieu : c'est Jésus, le Fils de Dieu. Alors gardons solidement ce que nous croyons.

15 Le grand-prêtre que nous avons est capable de souffrir avec nous de nos faiblesses. En effet, comme nous, il a été tenté en toutes choses, mais lui n'a pas péché.

16 Approchons-nous donc avec confiance du Dieu puissant qui nous aime. Près de lui, nous recevrons le pardon, nous trouverons son amour, et ainsi, il nous aidera au bon moment.

A quoi bon avoir honte et cacher ce que Dieu connait déjà et t'a vu faire ? Dieu voit tout et sait tout. Il te voit même quand tu es aux toilettes, hé oui ! Il te voit nu quand tu te laves. Il te voyait déjà quand tu étais encore un fœtus dans le ventre de ta mère. Au fait ! Si tu ne le savais pas, c'est lui qui t'a formé dans le ventre de ta maman[17]. Alors, que peux-tu lui cacher ? Je sais que ce sentiment vient de grand père Adam et de grand-mère Eve. C'est eux qui les premiers, avaient commencé à avoir honte et peur et à se cacher. Mais franchement à quoi bon ?

N'est-il pas mieux de courir dans ses bras et de tout lui avouer afin qu'il nous nettoie ? Dans ces circonstances, où nous avons commis tellement de bêtises, Dieu nous traite exactement comme une maman dont le bébé a déféqué. Le jette-t-elle ? L'abandonne-t-elle dans ses défécations ? Bien sûr que non ! Elle le porte dans ses bras et va le nettoyer avec amour et parfois en lui chantonnant une belle mélodie. C'est

---

[17] Psaume 139 : 13-16 Tu m'as fait ce que je suis, et tu m'as tissé | dans le ventre de ma mère. Je te loue | d'avoir fait de moi | une créature | aussi merveilleuse : tu fais des merveilles, et je le reconnais bien. Mon corps n'était pas caché | à tes yeux quand, dans le secret, | je fus façonné et tissé | comme dans les profondeurs | de la terre. Je n'étais encore | qu'une masse informe, | mais tu me voyais et, dans ton registre, | se trouvaient déjà inscrits tous les jours tous les jours que tu m'as destiné alors qu'aucun d'eux n'existait encore.

ainsi que Dieu nous traite. Ne le fuyons plus : il est une maman douce et aimante.

Mensonge 5 : J'ai trop péché, je suis trop impur et Dieu est trop saint, c'est sa punition qui m'attend.

2 corinthiens 5 : 21 : *Celui qui était innocent de tout péché, Dieu l'a chargé pour nous de tous les péchés du monde ; il est devenu comme une incarnation du péché pour que, dans sa communion, nous puissions être agréés, étant revêtus de la justice de Dieu.*

Jésus (qui signifie Dieu nous sauve) est devenu lui-même péché pour toi. Il s'est chargé de tous les péchés de tous les hommes de tout l'univers. Alors entre lui et toi qui était le plus sale et le plus impur ? Et il l'a fait pour que tu décharges sur cette croix ces péchés dont tu te charges aujourd'hui.

S'il te plaît, Jésus a déjà assez souffert pour tout cela, pourquoi souffrir une deuxième fois pour la même chose ? Décharge-toi sur lui, lâche prie, reçois son pardon, change d'attitude et avance.

Mensonge 6 : Je suis trop mauvais, j'ai fait trop de mal– Dieu ne peut pas aimer quelqu'un comme moi.

> Romains 5:8 « *Mais Dieu prouve son amour envers nous, en ce que, lorsque nous étions encore pécheurs, Christ mourut pour nous.* »

Avant même que tu ne demandes pardon ou ne réalises que tu étais mauvais, Jésus -Christ, était déjà venu mourir pour toi ; pour ces choses très mauvaises que tu dis avoir commis. Tu crois qu'il ne les a pas vues ou ne savais pas que tu le ferais? Siiii, il le savait et il te voyait. Mais son amour pour toi est tellement supérieur au pire mal que tu aies pu faire ! C'est pourquoi ça ne l'a pas freiné. Sais-tu que même si tu étais la seule personne à vivre sur cette terre Dieu serait venu pour toi seul afin de te sauver ? Tu es si précieux pour lui ! Si seulement tu pouvais réaliser à quel point ! Son amour pour toi n'a pas de limite !

Si Dieu est passé par-dessus tous tes actes mauvais, s'il te plaît vas-y, passe également au-delà. Demande-lui de t'aider à le faire et accepte son cadeau pour toi, accepte son amour. Tu n'as pas besoin de le mériter.

Mensonge 7 : J'ai déjà demandé pardon trop de fois et je pèche encore -j'ai abusé de la miséricorde de Dieu. Il doit être fatigué de me pardonner.

1 Jean 1 :9 « *Si nous reconnaissons nos péchés, il est fidèle et juste et bon pour nous les pardonner et pour nous purifier de tout mal.* »

Matthieu 18 :22 *Jésus lui dit : Je ne te dis pas jusqu'à sept fois, mais jusqu'à soixante-dix fois sept fois*

Dieu affirme qu'il est toujours prêt pour pardonner celui qui reconnaît son tort. Peu importe le nombre de fois que tu as péché. Crois-tu vraiment que Dieu peut demander à son disciple de pardonner 70 fois 7 à dans une journée, et lui il ne fait pas mieux ? Il est Dieu après tout ! Il fait toujours mieux que nous !

Crois-tu vraiment que tu parviens à pécher 490 fois chaque jour ? J'en doute fort. Je te mets au défi de compter tes péchés d'une journée. Et quand bien même tu relèverais cet exploit, Dieu te pardonnerai certainement plus de 490 fois chaque jour.

Mensonge 8 : Dieu m'aime un peu mais pas beaucoup, pas comme les autres.

Romains 2 :11 « *car Dieu ne fait pas de favoritisme* ».

Je pense que le verset est plus que clair : Dieu ne favorise personne. Il nous traite donc et nous considère sur un pied d'égalité en termes d'amour.

J'ai eu un échange à ce propos avec une personne qui pensait le contraire. Son argument portait sur le fait que certaines personnes soient dans une position élevée (par exemple un roi), et d'autres dans une position moins élevée (par exemple un employé). Cela signifiait d'après elle que Dieu aime plus les premiers parce qu'elle trouvait qu'ils sont privilégiés. Je lui ai partagé ma compréhension selon laquelle il y a une différence entre la mission à faire sur terre et l'amour que Dieu nous porte. En plus, la grandeur selon l'homme n'est pas la grandeur selon Dieu. Sinon pourquoi Jésus aurait-il dit que Jean Baptiste qui portait des peaux de bêtes et mangeait des sauterelles était plus grand que Salomon le roi de plus sage et le plus riche ?

Je suis profondément convaincue que Dieu nous aime tous pareillement. De la même manière qu'il t'aime, il a aimé David, Jean, Adam, Paul et même Jésus.

Mensonge 9 : Dieu m'aimait. Mais à cause de tout ce que j'ai fait j'ai perdu son amour et son estime. Je l'ai trop déçu.

Psaumes 136 :1 *« Louez l'Eternel, car il est bon, Car sa miséricorde dure à toujours ! »*

Le Dictionnaire Larousse définit la miséricorde comme la pitié qui pousse à pardonner à un coupable, à un vaincu ; le pardon accordé par pure bonté.

Dieu nous dit que sa capacité à nous pardonner dure pour toujours. Cela signifie qu'il ne se fatigue pas de te pardonner. Même lorsque tu seras mort, sa capacité de te pardonner n'aura pas encore cessé, car elle dure pour toujours.

Les réponses que j'apporte à ces mensonges n'ont pas pour objectif de minimiser le péché et ses conséquences car le péché entraine tellement de problèmes dans notre vie et dans celle des autres ! Je dis simplement que la miséricorde et l'amour de Dieu sont plus grands que tous nos péchés et que nous devons plonger nos regards dans cet amour et dans cette grâce plutôt que dans nos manquements.

Les effets de ces mensonges

Je vais insister sur un fait : ces mensonges ou pensées que j'ai développées précédemment sont avoués ouvertement par très peu de personnes. Pourtant, beaucoup les croient fortement au-dedans d'eux. Qu'ils soient croyants comme non croyants. Cependant, même si leur bouche ne le confesse pas, leurs croyances se voient dans la qualité de leur relation avec Dieu et produisent de nombreux effets.

Les effets sur les croyants

Lorsque nous sommes « croyants », nous allons la plupart du temps aux lieux de célébrations (église, messe, mosquée, synagogue, etc.) ; nous faisons beaucoup de choses pour plaire à Dieu (rituels, prières, méditations, jeûnes, aumône, etc.). Cependant, malgré toutes ces pratiques, lorsque ces mensonges nous polluent, nous n'avons pas une joie profonde. Nous ne jouissons pas vraiment de notre relation et d'une intimité profonde avec notre Père. Au fond de notre cœur, nous avons de nombreuses peurs. Nous n'acceptons pas réllement les vérités énoncées dans la Parole de Dieu. Il y a toujours quelque chose de superficiel dans notre relation avec Dieu.

Les effets sur les non croyants

Lorsque ces mensonges nous intoxiquent en tant que « non croyants », nous refusons de nous approcher de Dieu. Nous restons loin de lui, même si de temps en temps nous lui envoyons quand même des petites prières, des paroles par-ci, par-là, au cas où il nous entendrait peut-être...qui sait ?

Maintenant que nous savons que :

- Dieu est un esprit éternel dont la nature est d'aimer.
- Il nous a créé esprit comme lui.
- Il nous a créé dans le but de nous aimer, d'avoir une relation avec nous et que nous appartenions à sa famille.
- Il existe un esprit du mal qui s'oppose à ce que Dieu dit, déteste Dieu et nous déteste, nous les humains.
- Cet ennemi nous dit beaucoup de mensonges afin de nous pousser à poser des actes qui vont nous éloigner de Dieu et nous détruire.
- Il nous communique ses mensonges au travers de nos pensées, des personnes, des médias, de l'éducation, des magazines, des romans, etc.
- Cet ennemi est un menteur très rusé et il fait croire aux êtres humains que Dieu ne les aime pas et qu'il est responsable de leurs souffrances, pourtant c'est lui.

- Chaque personne fait face au conflit entre la vérité « *Dieu m'aime inconditionnellement* » et le mensonge « *Dieu ne m'aime pas assez* ».
- Il revient à chacun de nous de choisir s'il décide de croire Dieu ou Satan el menteur.
- Ensuite, notre décision va entrainer des actes, et ces actes vont produire des conséquences négatives ou positives.
- Il est préférable et sage pour chacun de nous de rejeter tous les mensonges que nous avons nourris en nous et qui nous empêchent d'accepter de tout notre cœur cet amour que Dieu nous offre.

Il est maintenant temps de plonger au cœur de cet amour si merveilleux que toute éternité notre Créateur nous a toujours porté. Prépare-toi à faire un voyage dans le monde de l'amour.

Chapitre 4.

Prêt pour le voyage au pays de l'amour ?

Qui n'aime pas l'amour ? L'amour donne un sens à toute vie, que ce soit parce qu'on en a reçu ou à cause de son manque. L'amour est au cœur de la vie de tous les êtres humains. L'amour fait rêver tout le monde et chacun a en lui ce désir d'être aimé et d'aimer. C'est effectivement dans ce sens qu'un adage populaire affirme que : « *l'amour est la plus belle chose du monde !* »

Je t'invite à faire un voyage au pays de l'amour. Un pays où tout n'est qu'amour à la perfection. Il est très différent de l'amour que nous vivons et connaissons sur cette terre.

C'est pourquoi je te suggère avant le décollage de te défaire des réflexions et perceptions de l'amour selon les hommes de ce 21e siècle. Débarrasse-toi mentalement de ces perceptions. Vide tes pensées, et mets-toi en mode découverte et expérimentation. Laisse-toi emporter dans ce monde merveilleux de l'amour parfait. Cet amour pour lequel chacun de nous soupire tan mais qui malheureusement ne se trouve pas ici-bas, ne se trouve chez aucun humain, parce que tous sont imparfaits.

Afin de bien nous délecter de ce voyage, voici une des règles que nous appliquerons : nous allons ouvrir la porte et faire sortir monsieur **« oui, mais »** qui est expert en réduction du plaisir, spécialiste dans l'atténuation de l'appréciation et expert en limitation de la jouissance.

Nous allons faire le choix de mettre de côté nos manquements, nos fautes, nos peurs et nos contre-vérités afin de ne pas atténuer les propos à venir. Si un ou des bémols sont nécessaires, je les mentionnerai. En ce qui t'e concerne cher lecteur (trice), contente toi d'accepter les vérités partagées.

Monsieur **« oui mais »**, tu es invité et même sommé de sortir des pensées pendant ce voyage. Toi et toute ta horde de bémols, de limitations et de protestations. Nous voulons et allons juste nous laisser inonder de ce merveilleux et doux sentiment d'être aimé sans l'atténuer par des raisonnements négatifs.

Avant d'entrer, ferme les yeux, visualise un sac dans lequel tu déposes tout ce dont tu es chargé : la pression au travail, les cours, les examens, la maladie, la douleur, ton mari qui t'énerve, ton épouse que tu ne supportes plus, ton patron que tu ne veux plus voir, tes dettes, ton amie qui t'a déçu et trahi, ton amoureux qui t'a quitté et brisé le cœur...dépose les tous, un à un dans ce sac.

Tu peux le faire en répétant à haute voix et en visualisant que tu prends chacune de ces choses une à une et tu les enlèves du dessus tes épaules et de ton cœur. Visualise-les en train de quitter ton cœur et tes pensées.

Tu peux dire par exemple :

Je me décharge de la douleur, je la jette dans ce sac !

Je me décharge de la maladie je la jette dans ce sac !

J'enlève de mon cœur la tristesse de la rupture, je la jette dans ce sac !

Le stress du travail, mon patron, etc... je vous ôte tous de mes pensées et de mon cœur et je vous jette dans ce sac ! Etc.

Lorsque tu finis de te décharger, inspire et expire fortement et lentement trois fois, puis pousse un grand soupir audible.

Super ! te voilà plus léger (e) 😊 !

Tu peux aussi adresser cette petite prière :

« Dieu, toi mon Créateur et le Créateur de l'univers, toi mon Père, s'il te plait donne-moi la révélation et l'expérimentation de ton amour pour moi. Amen »

Entre maintenant dans cet univers de l'amour. Laisse-toi emporter. Visualise, imprègne-toi mentalement, laisse-toi aller, joue le jeu, fais les exercices qui seront proposés même s'ils peuvent te faire te sentir ridicule : il n'y a pas de ridicule dans le monde de l'amour parfait. Il n'y a que liberté, spontanéité, bien-être, joie, et bonheur.

Chapitre 5.

De Quel type d'amour Dieu t'aime-t-il ?

L'Amour de Dieu pour toi est pluridimensionnel. Mais au préalable, faisons un petit éclairci sur la notion d'amour.

Qu'est-ce que l'amour ?

Selon le dictionnaire Robert, l'amour est un sentiment vif qui pousse à aimer quelqu'un, à lui vouloir du bien, à l'aider en s'identifiant plus ou moins.

Le dictionnaire Reverso[18] le définit comme un sentiment fort de tendresse et d'affection entre deux personnes ou envers une divinité ou un idéal.

---

[18] https://dictionnaire.reverso.net/francais-definition/amour

Le cnrtl[19] définit l'amour comme une attirance affective ou physique, qu'en raison d'une certaine affinité, un être éprouve pour un autre être, auquel il est uni ou qu'il cherche à s'unir par un lien généralement étroit.

Il ressort de ces définitions que l'AMOUR est **un sentiment vif** de tendresse, d'affection, ainsi **qu'une attirance affective** **qu'une personne éprouve pour une autre, et** qui la POUSSE à **lui vouloir du bien** et **à désirer s'attacher à** elle.

L'amour pousse toujours la personne qui aime à désirer déverser, manifester ce qu'elle ressent à la personne aimée afin que celle-ci puisse jouir des bienfaits de ce sentiment. Celui qui aime est toujours inéluctablement poussé à faire du bien à l'être chéri.

Ainsi, comprendre que Dieu nous aime, qu'il t'aime, c'est comprendre que **Dieu a pour toi un vif sentiment de tendresse et d'affection et une attirance affective envers toi, qui le pousse à te vouloir du bien et qui le pousse à vouloir s'attacher à toi au travers d'une relation très proche. Tout cela dans le but de pouvoir te manifester et te faire jouir de cet amour en te faisant du bien.**

---

19 Centre national des ressources textuelles.
https://www.cnrtl.fr/definition/academie9/amour

N'est-ce pas le désir profond de chacun de nous d'être aimé ? N'est-ce pas ton désir ? Je suis sûre que oui.

Alors, réjouis-toi déjà : celui qui t'a créé t'aime et son désir c'est d'être attaché à toi et de te faire du bien tous les jours de ta vie ☺.

Dieu t'aime, oui, mais comment est cet amour concrètement ?

Quel type d'amour Dieu a-t-il pour toi ?

Au fur et à mesure qu'on parcourt les Ecritures, Il ressort plusieurs types d'amour que Dieu a pour toi. Je vais m'appesantir sur trois types :

L'amour Père -Fils / Père-Fille

Dieu est notre Père, le premier de tous les pères. Nous sommes ses fils et ses filles. Il nous a enfanté et nous sommes si chers à son cœur !!

Dieu nous répète tout le long de Sa Parole, que nous sommes ses enfants et à quel point il nous aime.

Ce que je trouve encore plus beau c'est le fait que comme tout parent qui a désiré un enfant, Dieu nous a désiré avant même de nous créer. En fait, c'est cet amour qui l'a poussé à nous créer.

Je me souviens d'une conversation que j'avais eu un jour avec une de mes sœurs. Elle avait déjà 2 enfants et me disait en vouloir un troisième. Je lui ai posé la question : *« pourquoi tu veux un autre enfant ? »* Elle m'a *répondu « je veux une personne de plus à aimer »*. Sa réponse m'a profondément marqué. J'ai compris que c'est exactement que ce que Dieu avait ressenti pour chacun de nous, pour toi et moi avant de nous créer. Ma sœur a ensuite pris les dispositions qu'il fallait et quelques mois plus tard elle donnait naissance à son magnifique troisième fils : la famille s'était agrandie, motivée par le désir d'aimer.

Dieu nous dit la même chose : *« Il avait décidé par avance qu'il ferait de nous ses enfants par Jésus-Christ ; dans sa bienveillance, voilà ce qu'il a voulu[20] »*.

Il a fait cela pourquoi ? Parce qu'il en avait envie et par amour.

Lorsque tu n'étais pas encore là, Dieu a désiré avoir un enfant de plus à aimer et il t'a créé afin de t'aimer et que tu fasses partie de sa famille.

---

[20] Ephésiens 1.5. Version Français courant

Que c'est beau !!! Être aimé avant même d'exister : Savoir que ton existence a été pensé, désiré et planifié par Dieu pour qu'il te fasse du bien. S'il te plait, dis avec moi : *« Waouh !! Waouh !! Waouh !! »*

Dis à monsieur *« oui, mais »* de se taire ! car je le vois déjà vouloir lever des objections par apport à ton vécu. Non ! ce n'est pas le moment. Contente-toi juste de te réjouir d'avoir été désiré par Dieu et de savoir qu'il t'a créé par amour et pour t'aimer.

Alors, s'il te plait, laisse-toi aimer par ton Père. C'est un des buts principaux de ton existence.

Si tu fais partie des personnes qui ont cru à un moment de leur vie que leur naissance était un accident, sache désormais que ce n'était pas un accident, c'est ton Père céleste qui l'a voulu.

Même si pour tes parents tu étais une grossesse accidentelle, involontaire, même si ta mère a essayé de t'avorter, tu n'es pas et n'a jamais été un accident ou une erreur.

Cela peut être dû à ton sexe, peut-être parce qu'un de tes parents désirait une fille ou un garçon mais tu es né avec le sexe opposé et ce parent était déçu et tu l'as appris plus tard (nous en parlerons plus en détails dans une autre partie).

Sache-le et intègre le bien : **tu as été désiré et voulu par ton premier Père, par ton Père parfait, par Dieu.**

S'il te plait :

- Pardonne à tes parents les attitudes ou paroles de rejet qu'ils t'ont lancé. Ils l'ont fait à cause de l'ignorance.
- Rejette toutes les paroles négatives que tu as reçues et emmagasinées dans ton cœur.
- Aujourd'hui change ta façon de penser et réjouis-toi d'exister.

<u>Exercice :</u>

Répète à haute voix (trois fois) :

Avant même ma naissance j'ai été voulu et désiré par Dieu mon Père !

Mon existence n'est pas une erreur mais un projet planifié par Dieu !

Dieu m'a créé et manifesté sur cette terre par amour et pour m'aimer !

Je suis exactement ce qu'il a voulu que je sois, c'est parfait ainsi et il m'aime tel qu'il m'a créé !

Amen !

Si tu souffres de sentiment de rejet, déclare déjà que tu renonces aux paroles négatives de rejet auxquelles tu avais cru. Répète ces déclarations pendant plusieurs jours , de préférence devant ton miroir jusqu'à ce que ton ressenti change dans ton cœur.

L'amour Créateur - créature

Lorsque Dieu a créé l'homme et la femme au commencement, il a lui-même apprécié son chef d'œuvre. Tu lui as plu : il t'a évalué et il t'a validé : **c'est très bon !**

En plus, pour te créer il s'est inspiré que ce qu'il y a de plus élevé dans l'univers : Lui-même. Waouh ! Waouh ! Te rends-tu compte ?

Sache que tu es un chef d'œuvre évalué et validé par le Maître avec la mention « très bien » ! Il a fait de toi une créature merveilleuse. Toute personne qui te dit le contraire, même si ce sont tes propres yeux ou ton miroir te mentent !

Dieu t'a apprécié et validé depuis qu'il t'a créé et il t'aime comme tu es.

Je vois déjà vouloir dire « ***oui mais** je dois quand même maigrir, je dois quand même faire ci, il faut quand même ça, etc.* » Sttooopppp !!! Souviens-toi que monsieur « oui mais » a été mis dehors, donc tu ne peux pas l'utiliser.

Contente-toi juste de penser que tu es le plus beau chef d'œuvre du plus grand artiste de l'univers, celui qui ne fait jamais d'erreur, qui ne fait que les orignaux, jamais les copies.

Tu es un original pas une copie. **Tu es unique et spécial (e).**

Exercices :

1. Ferme les yeux et imagine Dieu en train de te modeler avec le sourire aux lèvres.
2. Imagine-le en train de te regarder avec la joie et le sourire et en train de dire : « waouh ! tu es top ma fille ! tu es superbe mon fils ! »
3. Déclare à haute voix :

Je suis la plus belle créature de Dieu !

Je suis merveilleux (se) !

Je suis belle/beau peu importe ce que les autres et mon miroir disent !

Dieu Mon créateur m'aime, il m'a validé et je lui ressemble !

Répète cela 3 fois. Si tu as des soucis de complexe, ou une mauvaise image de toi, fais le pendant plusieurs jours, de préférence devant ton miroir jusqu'à ce que ta façon de te voir change.

L'amour ami-ami

Quand Dieu s'est manifesté au travers de Jésus, Jésus a dit à ses disciples que désormais ils sont ses amis. Jésus étant venu nous montrer l'image de Dieu, nous apprendre à connaître vraiment le cœur de Dieu pour nous, nous comprenons par conséquent que Dieu veut que nous soyons ses amis.

En regardant plus tôt, dans ses relations avec ses serviteurs, nous pouvons déjà observer cette dimension amicale. C'est le cas par exemple dans sa relation avec Abraham. Dieu dit de lui qu'il était son ami (Isaïe 41 :8) ; David en est également un bel exemple au point où Dieu l'appelle *« l'homme selon mon cœur »*.

Dans jean **15 :13** quelques temps avant sa mort, Jésus dit qu'il n'y a pas de plus grand amour que de donner sa vie pour ses amis. Il explique ainsi que sa vie qu'il était sur le point de donner pour moi et pour toi, il l'a fait parce qu'il nous considère comme ses amis. Il a donc ainsi décidé de nous manifester le plus haut niveau de son amour en donnant sa vie et en mourant à notre place.

Hé ben ! Avoir une personne qui t'aime au point d'accepter de mourir pour toi ! ça ne court pas les rues ! Combien de personnes connais-tu qui accepteraient de se faire torturer et tuer à ta place alors que tu viens de commettre de nombreux crimes et que tu mérites bel et bien ta sentence ?

Quand bien même tu en trouverais exceptionnellement (encore faudrait-il que la personne ne se défile pas au moment T ! Hé oui !), cela ne vaudra jamais la mort de Christ car cette personne est un pécheur et elle mérite aussi la mort pour ses péchés. Or, Jésus-Christ est saint et ne méritait aucune mort. Mais il a accepté de souffrir et mourir pour que tu ne meures plus.

Exercices :

1. Ferme les yeux et visualise dans ton esprit une première scène. Imagine-toi en train de subir ce que Jésus a subi (fouets qui arrachent ta peau, barbes arrachées à la main - cheveux arrachés si tu es une femme - crachats sur toi, moqueries, calomnies, accusations injustes, les clous qui entrent et percent tes mains et tes pieds, le soleil qui te frappe pendant que tu es accroché nu à cette croix, la soif, la souffrance atroce...)

Aiiiieeee !!!! C'est douloureux même juste à imaginer n'est-ce pas ?! C'est difficile mentalement n'est-ce pas ?! C'est vraiment effrayant ! Quel supplice horrible !

2. Ferme les yeux et visualise une deuxième scène. Maintenant que tu as une idée après la scène 1 des atrocités que tu mérites de subir, imagine que juste après le jugement tu es en train d'être conduit vers la place publique pour recevoir ces coups de fouets, être torturé(e), et ensuite mis(e) à mort par crucifixion (ou

par guillotine, pendaison, ou chaise électrique ? Tu as le choix …). Alors que le soldat qui t'amène à la place est sur le point de te livrer à tes bourreaux, un homme entre, il approche et dis : *« Stoooppp ! Arrêteeeez ! Prenez-moi et torturez-moi à sa place ! Libérez-le (la) ! C'est mon ami (e) ! Je vais mourir à sa place ! »*
C'est ainsi que vos places sont échangées, et que toi le coupable tu as été épargné et que lui le Saint, le Juste, ton Ami a été torturé et tué à ta place. Au fait, cet homme qui est entré te sauver s'appelle **Jésus**.

Quel amour !!! Comment décrire un amour pareil ? Quel genre de merci dire face à une amitié pareille ? Comment répondre à un tel sacrifice ?

L'amour époux - épouse

Si l'on se base sur le nombre de films, de romans, d'histoires basées sur l'amour entre un homme et une femme, ce qu'on appelle couramment romance, il ne laisse pas l'ombre d'un doute que ce type d'amour est le plus puissant, le plus glorieux, et aussi le plus recherché. Dieu n'est pas en reste.

En fait, cet amour tant prisé par les hommes est le modèle parfait d'amour que Dieu a pour nous et dont il veut nous faire profiter.

Il s'agit d'un amour dans lequel deux ne deviennent plus qu'un. Il y a une fusion totale, parfaite, les deux êtres vibrent à la même fréquence.

Dieu t'appelle son "épouse" et il te chérit comme telle. Que tu sois un homme ou une femme tu es l'épouse de Dieu (retire le caractère sexuel présent dans la relation amoureuse humaine).

De nombreuses références dans Sa Parole en font mention. Que ce soit dans l'Ancien comme dans le Nouveau Testament, Dieu nous a toujours chéri de tout son cœur. (Ésaïe 54 :5. *Car ton créateur est ton époux : L'Éternel des armées est son nom ; Et ton rédempteur est le Saint d'Israël : Il se nomme Dieu de toute la terre.*

En réalité, le mariage entre un homme et une femme n'est qu'une image de l'union entre Dieu et son peuple. Les moments de jouissance lors de la copulation d'un couple sont une pâle copie de la jouissance et du bonheur ressentis dans les moments de félicité dans la présence et la communion avec Dieu. Les moments passés pleinement dans son intimité manifeste sont tellement plus exaltants ! Et ce n'est rien comparé au bonheur et à l'allégresse que nous ressentirons et dans laquelle nous vivrons en permanence dans sa présence au paradis.

Mon cher ami, ma chère amie, savais-tu que tu es la tendre épouse et la bien-aimée de Dieu ? Et Qu'est-ce que cela implique ?

En s'inspirant de quelques passages de la Parole, voici quelques réponses :

- Dieu et toi vous êtes UN (oui c'est possible pour des esprits de fusionner)[21].

- En tant que mari Dieu prend soin de toi et t'aime au point de se donner en sacrifice pour toi[22].

- Dieu t'aime comme il aimerait son propre corps[23].

- Dieu sait que tu es d'une nature délicate et fragile, il fait attention à toi[24].

N'est-ce pas beau de se savoir aimé(e) si tendrement et si affectueusement ?

Si tu es un homme, tu peux être un peu bousculé d'entendre que tu es l'épouse de Dieu. En fait, dans le spirituel il n'y a pas de sexe, donc pas d'homme et pas de femme, juste des esprits.

---

[21] Mathieu 19 :6. « Ainsi, ils ne sont plus deux mais un seul être. Que l'homme ne sépare donc pas ce que Dieu a uni. »

[22] Ephésiens 5 :25. vous maris, aimez vos femmes, comme Christ a aimé l'Eglise, et s'est donné lui-même pour elle.

[23] Ephésiens 5 :28. C'est ainsi que les maris doivent aimer leurs femmes comme leurs propres corps. Celui qui aime sa femme s'aime lui-même.

[24] 1 Pierre 3 :7. Vous aussi maris, comportez-vous discrètement avec elles, comme avec un vaisseau plus fragile, [c'est-à-dire], féminin, leur portant du respect, comme ceux qui êtes aussi avec elles héritiers de la grâce de vie, afin que vos prières ne soient point interrompues

Petit clin d'œil aux hommes 😉 : Tout ce que Dieu a demandé à un mari de faire pour sa femme, il l'a déjà fait pour toi et moi. En tant qu'homme, c'est le modèle parfait pour apprendre à être un excellent mari : regarde et reproduis.

<u>Exercices :</u>

1. Oublie tous les mariages défectueux que tu connais. Ils sont des fausses représentations du mariage.

2. Ferme les yeux et imagine un mariage parfait dans lequel il n'y a ni peurs, ni mensonges, ni soupçons, ni trahisons. Il n'y a que la joie, la confiance, la vérité, la transparence, l'amour. Le mari et la femme s'entendent à merveille. Le mari est parfait et la femme est parfaite, les deux sont sans défauts. C'est beau n'est-ce pas ? C'est ce mariage que Dieu veut vivre avec toi. C'est également de cette façon qu'il t'aime déjà.

Monsieur **« *oui mais* »** veut déjà dire « *oui mais Dieu est le mari parfait, mais moi je ne suis pas cette épouse parfaite* ». Monsieur **« *oui mais* »** arrête avec tes objections ! En effet, Dieu est parfait et toi tu as de nombreux manquements, mais il t'aime déjà comme son épouse. Dieu n'a pas besoin de ta perfection pour manifester sa perfection à lui. Il t'aime à la perfection même si tu n'es pas encore parfait(e). Mais sache qu'en esprit, quand tu es né de nouveau, tu es devenu une créature nouvelle et parfaite[25]. C'est ton âme et ton corps qui doivent devenir parfaits ensuite. Le Seigneur dit que ces deux parties deviendront parfaits à la résurrection. C'est glorieux ! En attendant, laisse-toi juste aimer en l'état.

3. Répète à haute voix (3 fois) :

Je suis l'épouse bien aimée de Dieu. Quelle joie et quel privilège !
Il m'aime de tout de son cœur !

Il prend soin de moi et il m'aime tellement qu'il s'est donné en sacrifice pour moi !
Je suis comblé(e) de son amour !

C'est si beau de voir de quelle façon Dieu nous aime. En plus, cet amour a plusieurs formes. Mais dans les faits, comment se manifeste concrètement cet amour ?

---

[25] 2 corinthiens 5 :7. « *Si donc quelqu'un est en Christ, il est une nouvelle créature; les choses vieilles sont passées; voici, toutes choses sont faites nouvelles* ».

Si seulement tu savais à quel point il t'aime !

Chapitre 6

Comment se manifeste concrètement l'amour de Dieu pour toi ?

Un fait qui aide à mieux accepter quelque chose c'est de mieux le comprendre. Ce principe s'applique aussi dans l'amour de Dieu. Plus l'on comprend concrètement à quoi cela renvoie, mieux on peut l'appréhender et l'accepter dans son cœur.

Comment est l'amour de Dieu pour toi ?

Dieu lui-même au travers de sa Parole a pris soin de décrire et expliquer comment se manifeste l'amour qu'il a pour toi au quotidien. Cet amour est décrit dans 1 corinthiens 13.

Pendant longtemps, lorsque je lisais ce chapitre, je le lisais toujours comme le descriptif de la façon dont je devais aimer les autres. Je ne sais pas pour vous mais moi à la fin de la lecture, je me sentais presque découragée et je me demandais souvent : « *mais est-ce qu'un jour je parviendrai vraiment à aimer ainsi ? Je suis si loin du compte !! c'est trop parfait et c'est trop difficile à faire* ».

Un jour, dans mes méditations, j'ai compris que Dieu ne pouvait pas me demander de faire ce qu'il n'avait pas encore fait. Il est un bon père, il me montre toujours le modèle de ce que je dois faire avant de me demander ensuite de le faire. Demanderiez-vous à votre enfant de faire quelque chose qu'il n'a jamais vu ni entendu parler ? Lui demanderiez-vous par exemple de se brosser les dents sans jamais lui avoir montré ni appris ? Ce serait déraisonnable n'est-ce pas ? Nous savons bien que Dieu qui est un père parfait ne saurait être déraisonnable.

Rajouté au passage qui dit que Dieu est amour, je me suis dite que L'amour dans ce passage pouvait donc être remplacé par Dieu. Voici le résultat :

Version Louis Segond d'origine

4 L'amour est patient, il est plein de bonté ; l'amour n'est pas envieux ; l'amour ne se vante pas, il ne s'enfle pas d'orgueil,

5 *il ne fait rien de malhonnête, il ne cherche pas son intérêt, il ne s'irrite pas, il ne soupçonne pas le mal,*

6 *il ne se réjouit pas de l'injustice, mais il se réjouit de la vérité ;*

7 *il pardonne tout, il croit tout, il espère tout, il supporte tout.*

8 *L'amour ne meurt jamais. Les prophéties disparaîtront, les langues cesseront, la connaissance disparaîtra...*

13 *Maintenant donc ces trois choses restent : la foi, l'espérance, l'amour ; mais la plus grande des trois, c'est l'amour.*

Version Parole vivante d'origine (cette version est plus explicite)

4 *Celui qui aime est patient, il sait attendre ; son cœur est largement ouvert aux autres. Il est serviable, plein de bonté et de bienveillance ; il cherche à être constructif et se plaît à faire du bien aux autres. L'amour vrai n'est pas possessif, il ne cherche pas à accaparer, il est libre de toute envie, il ne connaît pas la jalousie. Lorsqu'on aime, on ne cherche pas à se faire valoir, on n'agit pas de manière présomptueuse. Celui qui se rengorge, s'étale et s'enfle d'orgueil n'est pas inspiré par l'amour. Aimer, c'est aussi se conduire avec droiture et tact. L'amour prend des égards et évite de blesser ou de scandaliser, il n'est pas dédaigneux.*

5 Celui qui aime ne saurait agir à la légère ou commettre des actes inconvenants. Aimer, c'est ne pas penser d'abord à soi, chercher son propre intérêt, insister sur ses droits. L'amour n'est pas irritable, il ne s'aigrit pas contre les autres. Il n'est pas susceptible. Quand on aime, on ne médite pas le mal et on ne le soupçonne pas chez les autres. Si on subit des torts, on n'en garde pas rancune.

6 Découvrir une injustice, ou voir commettre le mal, ne fait pas plaisir à celui qui aime. Il se place du côté de la vérité et se réjouit lorsqu'elle triomphe.

7 L'amour couvre tout : il souffre, endure et pardonne. Il sait passer par-dessus les fautes d'autrui. Aimer, c'est faire confiance à l'autre et attendre le meilleur de lui, c'est espérer sans faiblir, sans jamais abandonner. C'est savoir tout porter, tout surmonter.

8 L'amour n'aura pas de fin. Les prédications inspirées passeront, les prières en langues cesseront et toutes nos connaissances s'évanouiront...

13 En somme, trois choses demeurent : la foi, l'espérance et l'amour, mais la plus grande d'entre elles, c'est l'amour.

En remplaçant « l'amour » par « Dieu » et en personnalisant à notre personne, nous obtenons ceci :

Version Louis Segond d'origine personnalisée

4 Dieu est patient envers moi Victoire, il est plein de bonté envers moi ; Dieu n'est pas envieux envers moi ; Dieu ne se vante pas devant moi, il ne s'enfle pas d'orgueil avec moi,

5 Dieu ne fait rien de malhonnête envers moi, il ne cherche pas son intérêt lorsqu'il traite avec moi, il ne s'irrite pas contre moi, Dieu ne soupçonne pas le mal chez moi,

6 Dieu ne se réjouit pas de l'injustice qui m'arrive, mais il se réjouit de la vérité dans ma vie ;

7 Dieu me pardonne tout, il croit tout en moi, il espère tout de moi, il supporte tout de moi.

8 L'amour que Dieu me porte ne meurt jamais. Les prophéties disparaîtront, les langues cesseront, la connaissance disparaîtra...

13 Maintenant donc ces trois choses restent : la foi, l'espérance, l'amour que Dieu me porte ; mais la plus grande des trois, c'est l'amour que Dieu me porte.

Version Parole vivante d'origine personnalisée

4 Parce que Dieu m'aime, moi Victoire, il est patient envers moi, il sait attendre ; son cœur est largement ouvert à moi. Dieu est serviable avec moi, plein de bonté et de bienveillance envers moi ; Dieu cherche à être constructif et se plaît à me faire du bien. Dieu n'est pas possessif avec moi, il ne cherche pas à m'accaparer, il est libre de toute envie, il ne connaît pas la jalousie envers moi. Parce qu'il m'aime, il ne cherche pas à se faire valoir, Dieu n'agit pas de manière présomptueuse envers moi. Celui qui se rengorge, s'étale et s'enfle d'orgueil n'est pas inspiré par l'amour, Dieu ne fait aucune de ces choses avec moi. Parce que Dieu m'aime, il se conduit avec droiture et tact avec moi. Dieu prend des égards et évite de me blesser ou de me scandaliser, il n'est pas dédaigneux vis à vis de moi.

5 Parce qu'il m'aime, Dieu n'agit pas à la légère envers moi ou ne commet aucun acte inconvenant. Parce qu'il m'aime, il ne pense pas d'abord à lui, il ne cherche pas son propre intérêt, il n'insiste pas sur ses droits. Dieu n'est pas irritable envers moi, il ne s'aigrit pas contre moi. Il n'est pas susceptible avec moi. Parce qu'il m'aime, il ne médite pas le mal sur moi et ne le soupçonne pas chez moi. Si Je lui fais subir des torts, Dieu ne m'en garde pas rancune.

6 Découvrir une injustice, ou voir commettre le mal dans ma vie, ne lui fait pas plaisir. Dieu se place du côté de la vérité et se réjouit lorsqu'elle triomphe dans ma vie.

7 Dieu couvre tout : il souffre pour moi, endure pour moi et me pardonne. Il sait passer par-dessus mes fautes. Parce qu'il m'aime, il me fait confiance et attend le meilleur de moi, il espère sans faiblir, sans jamais abandonner. Il sait tout tout porter, tout surmonter pour moi.

8 L'amour que Dieu me porte n'aura pas de fin. Les prédications inspirées passeront, les prières en langues cesseront et toutes nos connaissances s'évanouiront...

13 En somme, trois choses demeurent : la foi, l'espérance et l'amour que Dieu me porte, mais la plus grande d'entre elles, c'est l'amour qu'il a pour moi.

Lorsque j'ai pris le temps de formuler chacune de ces affirmations et de réfléchir à chacune d'elle posément, c'était impressionnant ! Cela me submergeait d'émotions de réaliser à quel point l'amour de Dieu pour moi est TELLEMENT TELLEMENT GRAND !!! Même encore là pendant je le rédige dans ce livre, je ne cesse de me dire au-dedans de moi : « *waaaoouuhh !!! Quel amour ! Il fait tout ça pour moi ? Moi aussi j'aimerai le faire pour X personne* ».

Exercices

1. Prends du temps pour lire à haute voix chacune de ces versions personnalisées et de réfléchir à ce que cela signifie pour ta vie.

2. Cherche des situations dans ta vie où tu as besoin que Dieu applique une facette de cet amour pour toi et visualise dans ta pensée qu'il est en train de le faire.

3. Réécris ces passages avec ton nom

Version Louis Segond d'origine personnalisée selon

....

Dieu est patient envers moi ....*(écris ton prénom) , il est* ....

....

....

....

....

....

....

....

....

....

....

....

....

....

....

....

....

....

....

....
....
....
....
....
....
....
....
....
....
....
....

Version Parole vivante d'origine personnalisée selon

....

Parce que Dieu m'aime, moi......................*(écris ton prénom), il est* ....

....
....
....
....
....
....
....

....

....

....

....

....

Quelques réflexions sur l'amour de Dieu pour nous

Dieu m'aime-t-il vraiment ?

Pendant longtemps j'ai fait partie de ces personnes. Je disais aux gens *« Dieu t'aime »*, *« Dieu m'aime »*, mais au fond de moi je n'étais pas convaincue qu'il m'aimait vraiment. Plus tard, j'ai quand même accepté qu'il m'aimait. Mais je me disais il m'aime juste un tout petit peu, pas beaucoup comme certaines personnes. Lorsque je regardais les autres chrétiens, je me trouvais tellement une chrétienne de basse échelle, avec tellement de défauts, de manquements, de péchés, pas assez de dons spirituels, pas de visions, qui ne réalisaient pas de miracles, etc. Lorsque Je voyais et écoutais les autres chrétiens, j'avais toujours l'impression qu'ils étaient meilleurs que moi et j'étais convaincue que Dieu les aimait plus que moi.

D'ailleurs, je trouvais que je méritais bien cette petite position car je n'étais pas assez bien, pas du tout à la hauteur.

J'ai longtemps souffert de cette croyance que Dieu ne m'aimait pas comme les autres.

Evènement 1.

Un jour, lorsque je priais à l'église et que je chantais un chant **« *je te cherche, je te cherche, je te cherche* »** j'ai eu ce qui peut s'apparenter à une sorte de dialogue avec Dieu :

- Seigneur je te cherche, je te cherche,
- Tu me cherches ?
- Oui Seigneur, je te cherche.
- Mais non, c'est moi qui te cherche et qui t'a toujours cherché.
- Mais Seigneur, comment ça ?
- Mais si, regarde ta vie.

Et plusieurs scènes de ma vie défilaient sous mes yeux.

- Te souviens-tu lorsque tu étais petite et chaque fois que tu regardais le film **Jésus de Nazareth,** ton cœur était tellement touché, tu pleurais, tu répétais la prière du salut à chaque fois, sais-tu que c'est moi qui touchais ton cœur et qui te cherchait ?
- Ah bon ? Non, Seigneur, je ne savais pas.
- Te rappelles-tu lorsque tu étais au Lycée, et que certaines personnes venaient te prêcher l'Evangile, de

parler de moi, sais-tu qu'en fait c'est moi qui étais en train de te chercher ?

- Ah bon ? Non Seigneur, je ne savais pas non plus.
- Te rappelles-tu lorsque tu faisais des choses que tu regrettais, tu commettais des péchés et tu le regrattais, tu t'en voulais, sais-tu que c'est moi qui te cherchais, qui frappais à la porte de ton cœur ?
- Mince alors Seigneur ! C'est vrai ça ? Je n'avais jamais réalisé cela !
- En effet, je t'ai désiré avant de te créer. Je t'ai créé par amour et pour t'aimer.
- Et c'est moi qui t'ai toujours cherché pour avoir une relation avec toi.

En voyant tout cela, je réalisais subitement à quel point Dieu m'aimait et m'avait toujours aimé depuis mon enfance. Je réalisais que c'est lui qui était venu vers moi depuis si longtemps parce qu'il voulait avoir une relation avec moi. En plus, bien avant que je ne naisse il m'avait désiré, c'est pourquoi j'ai été manifestée sur terre. Je fus submergée et envahie de tellement d'émotions que je tombai sur mes genoux ! De toute ma vie je ne m'étais jamais sentie autant aimée !

A cet instant là rien n'avait plus de valeur à mes yeux : mes rêves, mes envies, mes projets, mes manquements, rien n'avait plus d'éclat à côté de cet amour si grand que j'étais en train de réaliser.

Face à tant d'amour, mon cœur s'est élancé vers le Seigneur ! De façon naturelle je lui ai dit :

-   Seigneur, puisque tu m'aimes autant, je viens à toi et je me donne à toi, car nulle part ailleurs je ne trouverai un amour pareil.

Je suis sortie de l'église ce jour-là dans une joie immense. J'avais l'impression de ne pas marcher mais de voler. Je me sentais une personne nouvelle. Mon sommeil de cette nuit-là ne fut pas le même que les autres jours.

Exercice :

Jean 6 :44 « *Nul ne peut venir à moi, si le Père qui m'a envoyé ne l'attire* ».

Apocalypse 3 :20 « Voici, je me tiens à la porte et je frappe. Si quelqu'un entend ma voix et ouvre la porte, j'entrerai chez lui, je souperai avec lui et lui avec moi. »

Réécris ces versets de façon personnalisé :

Exemples :

Moi, Victoire, je suis venue à toi Père Céleste, parce que c'est toi qui m'as attirée à toi.

Dieu, mon créateur et mon Père, c'est toi qui m'as toujours cherché et qui est venu vers moi. Tu as toujours voulu une relation d'amour avec moi. Tu as frappé à la porte de mon cœur et j'ai ouvert.

....

....

....

....

....

....

....

....

L'amour parfait bannit la crainte

Désormais, quand je voulais aller prier, j'étais si heureuse et si contente car je savais que j'allais à la rencontre de Celui qui m'aime plus que tous ! Cette parole a enfin pris sens pour moi *« l'amour parfait bannit la crainte »*. Être consciente à quel point Dieu m'aime me permettait de l'approcher dans la connaissance de cet amour qui surpasse tout et qui rendait mes manquements insignifiants. Je ne craignais plus de l'approcher, je ne venais plus dans la prière avec des réserves dans mon cœur.

1 Jean 4 :18 *« Il n'y a pas de peur dans l'amour ; au contraire, l'amour parfait chasse la peur, car la peur implique une punition. Celui qui éprouve de la peur n'est pas parfait dans l'amour ».*

Dieu ne souffre jamais du décalage enfant désiré – enfant reçu

As-tu désiré naître ? As-tu choisi ton sexe ? As-tu choisi tes parents ? Ta couleur de peau ? Ta famille ? Je sais que la réponse est NON à toutes ces questions. Ce n'est ni toi ni moi qui avons choisi d'exister, de naitre sur cette terre et de vivre. Cela est le fait de la volonté d'une personne qui est au-dessus de nos parents. Tu sais bien que même nos parents n'ont pas le pouvoir de choisir et de décider de ces choses. Par exemple, ton père ou ta mère a-t-il le pouvoir de savoir à qui tu ressembleras physiquement ? Non bien sûr. Il est clair qu'il y a une puissance au-dessus d'eux qui a décidé de ces choses.

En psychologie, de nombreux parents souffrent de la déception entre l'enfant attendu et l'enfant reçu. Lorsque cette déception n'est pas bien gérée, elle impacte négativement l'enfant.

Il y a quelques semaines lors d'un voyage, j'échangeais avec mon voisin de siège qui était éducateur de profession. Il me racontait le cas de sa fille. En fait, lorsque son épouse était enceinte et avait su qu'elle attendait une fille, elle avait décidé de lui donner le nom de Julie (nom d'emprunt) parce qu'elle avait connu une Julie qu'elle trouvait très belle avec des magnifiques cheveux blonds, yeux bleus et une belle peau mate. Lorsque leur fille naquit, elle était brune, yeux marrons et peau pâle. Son épouse fut très déçue de l'apparence de sa fille et porta cette déception en elle pendant longtemps. Cette déception affecta leur fille qui, jusqu'à l'âge adulte porte toujours des séquelles, a toujours une forme d'instabilité et est toujours comme en train de chercher sa place dans la société.

Cette histoire ressemble à celle d'une fille que je connais. Lorsque sa mère était enceinte, son père désirait et attendait un garçon. A leur époque on ne faisait pas les échographies. A sa naissance, lorsque son père constata qu'elle était une fille, il fut très déçu. En grandissant, il lui racontait souvent cette histoire. Il ne le faisait avec de mauvaises intentions, mais il ignorait que sa fille en serait profondément affectée. Elle avait ce sentiment en grandissant d'être une déception pour son père, de ne jamais faire assez et de ne jamais être vraiment comme il fallait. Dès l'adolescence, sans savoir pourquoi, elle détestait être une fille et désirait de tout cœur être un garçon. Elle commença donc à développer des attitudes masculines : des manières, la démarche, la coiffure, car elle s'identifiait plus aux garçons qu'aux filles. Elle donna sa vie au Seigneur une fois adulte. Un jour, lorsqu'une personne donnait un témoignage à l'église, une phrase marqua son esprit : « *Dieu n'est pas fou* ». Cette phrase se répétait en boucle dans son esprit et elle réalisa que si elle était une fille ce n'était pas une erreur car Dieu n'était pas fou pour l'avoir fait naître avec le sexe féminin et non masculin. C'est ainsi qu'elle décida d'accepter le sexe que Dieu lui avait donné et que c'était une bonne chose ; car si Dieu l'avait voulu ainsi, alors c'était ce qu'il y avait de meilleur pour elle.

Contrairement aux parents naturels qui peuvent être déçus par ce décalage entre l'enfant qu'ils désiraient et l'enfant qu'ils reçoivent, **Dieu n'est jamais déçu de nous** ! Dieu n'est jamais déçu de qui tu es puisque contrairement à tes parents il sait déjà tout ce que tu vas être avant même que tu ne naisses. Ce que tu es et où tu nais c'est lui qui l'a voulu ainsi et c'est parfait pour son merveilleux plan de vie pour toi. Alléluia !

Jérémie 1 :5

« Avant que je t'eusse formé dans le ventre de ta mère, je te connaissais, et avant que tu fusses sorti de son sein, je t'avais consacré, je t'avais établi prophète des nations ».

Ephésiens 1 : 4

« En lui Dieu nous a élus avant la fondation du monde, pour que nous soyons saints et irrépréhensibles devant lui »,

Exercice :

Réécris ces deux versets en les personnailisant et répète-les plusieurs fois.

....

....

....

....

....

....
....
....
....
....
....
....
....
....
....

Dieu m'aime-t-il vraiment autant qu'il aime les autres ?

Bien que je savais que Dieu m'aimait, il y avait encore une autre étape à franchir : celle du degré par rapport aux autres. J'avais toujours été convaincue que Dieu avait ses préférés, qu'il avait ceux qu'il aimait plus que d'autres et j'étais convaincue de ne pas du tout en faire partie. Je me disais que les pasteurs, prophètes, ceux qui entendait clairement sa voix, et bien d'autres que je considérais comme privilégiés étaient ceux qu'il aimait particulièrement.

J'avais toujours entendu que Jean était le disciple le plus aimé de Jésus. On disait souvent *« même Jésus avait un disciple préféré ! »* Question de dire que même Dieu qui est parfait a ses préférés.

Un jour lorsque je lisais la Bible, je suis tombée sur un passage qui parlait du disciple que Jésus aimait. Je pense que c'était celui-ci ou un autre je ne me souviens plus correctement « *un des disciples, celui que Jésus aimait, était à table à côté de Jésus*[26] ». Je sais juste que le verset parlait du disciple que Jésus aimait. Subitement, j'eus un sursaut car je cherchais le mot « plus ». Il n'y était pas. J'ai cherché sur les autres versions de la Bible en ligne et je n'ai pas trouvé écrit « le disciple que Jésus aimait le plus ». Waouh ! ce fut une claque pour moi ! Je réalisai que je livre que je lisais était celui de Jean et il parlait de lui-même. J'ai tout à coup compris qu'en fait Jean n'était pas celui que Jésus aimait le plus mais celui qui avait le plus compris à quel point Jésus l'aimait. Ce fut une délivrance pour moi ce jour-là. J'ai compris qu'en fait Jésus n'avait pas de disciple préféré ! Donc Dieu n'a pas de préféré ! Par conséquent, il nous aime tous pareillement ! Et enfin, cela signifiait qu'il m'aime autant que les prophètes, apôtres, et quiconque sur la terre ! Quel bonheur ! J'étais tellement contente de le réaliser ☺ ☺ ☺ !

J'ai compris que plus un enfant pense que son père ou sa mère l'aime, plus il s'approchera de lui. Plus un enfant pense que son père ou sa mère ne l'aime pas, plus il s'éloignera de lui ou d'elle. C'est pareil pour nous avec Dieu.

Petit clin d'œil aux parents : s'il vous plait, dites à vos enfants que vous les aimez. Lorsqu'ils commettent des erreurs

---

[26] Jean 13 :23

et que vous les punissez, expliquez-leur clairement pourquoi er rassurez-les que vous les aimez. En fait, parfois l'enfant ne comprends pas et il peu mal interpréter certains de vos actes et croire que vous ne l'aimez pas. Une telle interprétation sera catastrophique pour sa vie et sa stabilité émotionnelle. Je pense que c'est bien pour cela que Dieu ne manque pas de nous dire plusieurs fois dans Sa Parole qu'il nous aime, il ne nous laisse pas juste déduire ou imaginer qu'il nous aime au travers de ses actes, il nous le dit clairement et sans détour.

Que puis-je faire qui me fera perdre l'amour de Dieu ?

Si je te pose la question : *qu'as-tu fait pour gagner l'amour de Dieu ?* Auras-tu des réponses à me donner ?

Si tu penses un seul instant que tes prières, tes bonnes actions, tes dîmes et offrandes, ton bon caractère, ton service à l'église et ton zèle envers Dieu a eu ou aura un quelconque impact sur l'amour de Dieu pour toi ou que tu pourras le faire augmenter d'un seul iota, cela signifie que tu n'as pas encore bien compris lorsqu'il dit que **_toute notre justice est un vêtement souillé_**[27] ». Rien de ce qui vient de toi et moi ne peut en réalité être assez pur pour être accepté de Dieu.

---

[27] Esaïe 64 :6

Heureusement que Jésus est là pour être notre intermédiaire et notre justice !

La deuxième question que je te poserai est donc la suivante : *peux-tu démériter ce que tu n'as pas mérité ?* Je me souviens qu'avant, lorsque je voulais prier ou demander quelque chose à Dieu et que je me souvenais d'un péché, j'étais si gênée que je commençais par dire « *Seigneur, je sais que je ne mérite pas, car j'ai fait ci ou ça* ». Un jour, pendant que je faisais mes embrouilles en priant, lorsque j'étais en train de dire comme j'avais l'habitude *« Seigneur, je sais que je ne mérite pas ceci »* une pensée est montée dans mon cœur en me disant *« qu'as-tu déjà mérité ? »* Cette question m'a secoué.

Je me suis alors demandée si au dans le cas où je n'avais pas commis le péché que j'étais en train de mentionner et dont je croyais qu'il me disqualifiait pour la demande que je formulais, est ce que j'étais tout de même qualifiée et est-ce que je méritais ce que je demandais ? J'ai trouvé que la réponse était **non**. Je ne mérite rien de Dieu si je souhaite fonctionner sur la base de mes actes. Excuse-moi de te le dire mais toi non plus tu ne mérites rien sur la base de tes actes, car nous péchons tous à un moment ou un autre et cela vient entacher le bien que nous avons fait plus tôt. C'est d'ailleurs mieux que Dieu ne nous donne pas ce qu'on mérite selon nos actes. Si c'était le cas ce serait très grave pour chacun de nous sans exception aucune.

J'ai ainsi compris qu'il était préférable pour moi d'approcher le Signeur dans tous les domaines de ma vie sur la base de la grâce, c'est à dire la faveur que Dieu m'accorde alors que je ne la mérite pas.

Je pense qu'il en est de même pour son amour : c'est une faveur qu'il nous accorde qui n'a rien à voir avec notre mérite, ni notre démérite. Rien de ce que je pourrais faire ou que tu pourras faire ne pourra ni diminuer, ni augmenter l'amour que Dieu nous porte aujourd'hui et jusqu'à l'éternité.

Entre Dieu et moi qui aime le premier ?

C'est important de comprendre que c'est Dieu qui aime l'Homme en premier. L'un des avantages d'accepter cette vérité est que lorsqu'on se pose la question « *à quel moment il m'a aimé ? ».* La réponse est « *depuis toujours* ». Cela signifie avant que tu ne naisses, lorsque tu es né, lorsque tu ne t'intéressais pas à lui, lorsque tu l'insultais, lorsque tu faisais les coups bas, lorsque tu volais, trichais, escroquais, te prostituais, tuais, pratiquais la sorcellerie, rétrogradais dans ta foi, murmurais, critiquais, et tout ce que tu peux imaginer que tu as fait de pire. Oui, pendant ces moments-là il t'aimait déjà et il te tendait la main. Encore à combien plus forte toi qui a décidé de le suivre mais qui t'es perdu en cours de route ? Si tu fais partie de cette catégorie, je t'invite à ne plus écouter les voix qui t'accusent dans ta tête et à venir en courant dans les bras de celui qui t'aime sans mérite. Ses bras sont ouverts il t'attend. **Viens maintenant**, n'ait plus peur, ne laisse plus la culpabilité et la honte barrer ton chemin. Il ne te condamne pas, il t'attend avec impatience et compassion.

Laisse-toi aimer par Dieu et ensuite ton cœur l'aimera davantage[28].

Dieu t'aime à tel point qu'il...

- Est mort pour toi.
- A donné ce qu'il a de plus cher pour toi.
- Ne te laisse jamais seul et est avec toi tout le temps.
- T'a déjà pardonné, appelé, justifié, glorifié avant même que tu ne le demandes.
- Ne t'attend pas, il vient à toi : *« personne ne vient si le père ne l'attire »*.
- A décidé d'habiter à l'intérieur de toi pour t'aider à marcher avec Lui par Sa force en toi.
- T'a déjà béni dans tous les domaines.
- A vaincu le diable et le monde pour toi.
- a préparé une place pour toi avec lui au paradis.

---

[28] 1 Jean 4:19 : Nous l'aimons parce qu'il nous a aimés le premier

- y a encore tellement de choses qu'il a fait pour toi qu'on ne pourrait tout citer !

Accepter de se laisser aimer

Comme nous l'avons déjà vu plus haut, accepter cet amour si parfait est difficile pour nous humain qui avons toujours été habitué à être confronté à l'amour conditionnel et mérité. Mais nous devons nous forcer à l'accepter et modifier notre façon de penser.

Que se passe-t-il en toit lorsque tu acceptes que Dieu t'aime ? Je vais reformuler la question : *« que se passe-t-il en toi lorsque tu acceptes que Dieu est patient avec toi, bienveillant avec toi (recherche toujours ton bien), te pardonne tout, supporte tout, ne soupçonne pas le mal en toi mais espère toujours le bien ? »*

En me basant sur mon expérience, je peux affirmer qu'accepter l'amour de Dieu est la base la plus solide pour être guérie de toutes ses blessures émotionnelles. Accepter dans son cœur l'amour de Dieu produit :

- Le sentiment de sécurité *(sécurité émotionnelle)*
- Le sentiment d'appartenance *(tu appartiens à la famille de Dieu)*
- Le sentiment d'acceptation *(Dieu t'a accepté tel que tu es)*

- La joie *(la joie de se sentir aimé, sauvée et proche de son Créateur).*
- Le réconfort *(face aux difficultés)*
- L'assurance pour s'approcher de lui *(car il ne te rejette jamais)*
- L'acceptation de son pardon quand tu pèches *(car sa miséricorde dure à toujours)*
- Aimer sa présence *(le plaisir d'être avec son bien-aimé)*
- L'aimer en retour *(se savoir aimé pousse à aimer aussi)*
- Lui faire entièrement confiance *(puisqu'il t'aime il ne peut te tromper)*
- Mieux recevoir de Lui *(parce que tu lui fais confiance)*
- Croire en sa parole et en ses promesses *(parce que tu lui fais confiance)*
- Être libre d'inquiétude et de stress *(car son amour produit la sécurité)*
- Aimer les autres *(le bonheur de recevoir l'amour pousse à le partager)*
- Grandir en estime de soi *(voir la valeur qu'il te donne te pousse à réaliser que tu en as tellement)*
- Etc.

La liste est non exhaustive. En effet, accepter cet amour dans son cœur a d'innombrables bienfaits pour ton esprit, ton âme et ton corps.

Chapitre 7

Aimé pour aimer

Jésus a enseigné que toute la Bible, avec ses 66 livres, ses 1 189 *chapitres et ses* 31 102 versets peut être résumée en deux choses que Dieu nous demande de faire :

1. ***Aimer Dieu de tout notre cœur, de toutes nos forces et de toute notre pensée.***
2. ***Aimer notre prochain comme nous -même.***

Comment faire cela ? Est-il facile d'aimer Dieu qu'on ne voit pas ? Comment nous aimer alors que nous sommes si souvent déçus de nous-mêmes ? Comment aimer nos semblables que nous voyons et qui sont parfois si énervants ? (S'il te plaît rassure-moi que je ne suis pas la seule : *parfois les gens t'énervent-ils tel que c'est le cas pour moi ?)*

Comme je l'ai dit précédemment, Dieu en tant qu'un bon Papa nous montre comment faire tout ce qu'il nous demande de faire. Son amour pour nous est le modèle pour toi et moi.

Lorsque tu laisses cet amour infuser en toi, cela produit deux résultats majeurs :

1. Tu commences à aimer Dieu en retour

Comment ne pas aimer lorsqu'on se sent aimé ? C'est une réaction normale. Lorsque nous recevons de l'amour, même si au début nous pouvons avoir un ressenti bizarre parce que nous n'y sommes pas habitués, la réaction qui en découle par la suite est de s'attacher à la personne qui nous aime. Pourquoi donc ? Parce que ça fait tellement de bien de se sentir aimé ! Qui dira le contraire ?

Par notre essence et notre création, nous avons été créés dans le but d'être aimé. Lorsque nous acceptons et recevons donc l'amour de Dieu, nous nous sentons comblés au-delà des mots. Notre univers intérieur est dans le comble du bonheur.

Être conscient de l'immense amour de Dieu remplit de nombreux besoins émotionnels. Lorsqu'un vase est rempli à débordement il se déverse.

L'amour que Dieu déverse en nous a pour vocation de se déverser par débordement. Il se déverse vers Dieu en signe de reconnaissance de son amour, et à cause de la joie d'être aimé.

Plus tu grandiras dans la conscience de l'amour de Dieu pour toi, plus tu l'aimeras.

2. Tu commences à t'aimer véritablement

Réaliser à quel point Dieu t'aime te pousse à aimer les êtres humains dont toi en premier.

Comment ne pas t'aimer lorsque tu constates que Dieu a tout cet amour pour toi ? Aimerait-il quelqu'un qui n'a aucune valeur ? Non, impossible ! Si ton Créateur te donne autant d'attention c'est bien parce qu'il sait à quel point tu es précieux. De plus, ta valeur c'est lui qui l'a défini : la vie de Jésus-Christ son fils unique. A combien estimer cette vie ? Elle est inestimable. Ta valeur est si grande qu'on ne peut ni la compter ni la mesurer. En prenant conscience de tout cela, noooon, tu ne peux ne pas aimer la merveilleuse personne que tu es et qui est la prunelle des yeux du Dieu Tout Puissant. !

3. Tu commences à aimer les autres correctement

Te laisser aimer par Dieu te poussera à aimer les autres pour plusieurs raisons :

- Parce que nous donnons ce que nous avons reçu.
- Parce que tu comprends que Dieu aime les autres humains du même amour qu'il te porte, qu'ils sont également chers à ses yeux et à son cœur.
- Parce que puisque tu aimes Dieu, tu aimeras naturellement ceux qui lui sont chers.

Conclusion

Nous voici parvenu au bout de ce livre mais pas au bout du voyage au pays de l'amour. C'est un voyage qui ne se termine jamais et qui continuera jusqu'à ce que nous atterrissions en plein dans sa félicité.

Je ne pense pas qu'il y ait une personne sur cette terre qui a déjà compris la totalité de l'amour de Dieu pour lui. Cet amour est tellement immense que notre vie sur cette terre ne suffit pas pour en comprendre la plénitude. Mais chaque jour nous sommes appelés à grandir dans cette connaissance et cette acceptation qui nous rend de plus en plus semblable à notre Père.

Je suis convaincue que sans Dieu nous ne pouvons rien faire, il met en nous le vouloir et le faire et nous donne également la capacité. Demandons-lui chaque jour de nous donner de grandir dans :

- La connaissance de l'amour qu'il a pour nous
- L'amour que nous avons pour nous-même
- L'amour que nous avons pour les autres

Si tu as l'impression que tu n'as pas reçu la bonne compréhension de l'amour de Dieu ou la « révélation comme on aime bien dire dans les milieux chrétiens, je te propose quelque chose : **agis par la foi.** Pose-toi la question : *si j'avais reçu totalement la compréhension de l'amour de Dieu pour moi qu'est-ce que je ferais ? Comment je me sentirai ? Comment je réagirai face aux situations et face aux gens ?*

Ecris les réponses ici :

Si j'étais profondément convaincue et que je comprenais et acceptais parfaitement l'amour de Dieu pour moi, voici ce que je ferai et comment je vivrai :

je ....

....

....

....

....

....

....

....

....

....

....

....

....

....

....

....

....

....

....

Puisque nous avons tous besoin de Dieu pour y arriver, je me joins à Paul sur la base d'Ephésiens 16 :21 pour élever pour toi et pour moi cette merveilleuse prière. Pendant que je prie pour nous deux, je te demande s'il te plait de prier également pour toi, pour moi et pour une personne de ton choix (son nom : ....)

Je te demande Père Céleste, Dieu le Créateur, que par ton Esprit, moi et celui / celle qui tient ce livre entre les mains puissions se saisir des trésors de ta grâce que tu as mis à notre disposition. Que tu fortifies et renouvelle mon être intérieur et son être intérieur afin que nous puissions grandir et progresser !

Que par sa foi et par ma foi, Le Christ puisse faire de nos cœurs sa demeure permanente. Alors, solidement fondés sur lui, plongeant nos racines profondément dans l'amour,

Lui /elle et moi soyons aussi à même, dans la communion avec les autres saints, de sonder toutes les dimensions du plan de Dieu pour nous, et que lui/elle et moi réalisions à quel point l'amour d Christ est long, large, profond et élevé.

Que lui/elle et moi puisions connaitre nous-même cet amour, bien qu'il surpasse tout ce qu'il est possible de connaitre ici-bas, jusqu'à ce que tout son être et mon être soit rempli de la pleine présence divine.

A celui qui, par la puissance qui agit en nous, peut réaliser infiniment au-delà de ce que nos prières peuvent demander ou que notre imagination ose espérer.

A lui soit la gloire dans l'Eglise et en Jésus Christ à travers les générations jusqu'aux temps infinis du monde à venir. AMEN ! AMEN ! AMEN !

Merci d'avoi prié pour moi. Merci parce que tu m'aimes.

A bientôt !

Je t'aime.

Victoire MN

Merci d'avoir lu ce livre

Je souhaiterai beaucoup avoir ton retour après la lecture de ce livre. Tu peux me contacter à l'adresse victoiremncoaching@gmail.com

Tél : +33650092415

Je t'invite également à me suivre sur mes réseaux sociaux :

Facebook et Youtube : Victoire MN

Mes services

Ecriture livre :

- ✓ Structuration des idées, plan, coaching écriture, mise en page, réécriture, correction, publication, livre audio, traduction

- ✓ Atelier écriture

- ✓ Formation pour écrire son livre (en ligne)

Formation BE HAPPY BE PRODUCTIVE (en ligne):

- ✓ Faire le ménage en toi et autour de toi (maison, pensées, émotions)

- ✓ Fixer tes objectifs

- ✓ Concevoir et utiliser le vision board

- ✓ Comment t'organiser pour de devenir plus productif et atteindre tes objectifs

Contacts : victoiremncoaching@gmail.com

Tél : +33650092415